城市能源"碳达峰·碳中和"蓝皮书

北京能源低碳转型路径研究

国网能源研究院有限公司

国网（苏州）城市能源研究院

鲁　刚 / 主编

傅观君　金艳鸣　王晓晨 / 副主编

Research on the Path of
LOW-CARBON ENERGY
Transformation in Beijing

中国财经出版传媒集团

经济科学出版社

Economic Science Press

图书在版编目（CIP）数据

北京能源低碳转型路径研究／鲁刚主编；傅观君，
金艳鸣，王晓晨副主编．—北京：经济科学出版社，
2022.2

（城市能源"碳达峰·碳中和"蓝皮书）

ISBN 978 - 7 - 5218 - 3451 - 2

Ⅰ. ①北⋯　Ⅱ. ①鲁⋯ ②傅⋯ ③金⋯ ④王⋯　Ⅲ.
①能源经济 - 低碳经济 - 区域经济发展 - 研究 - 北京
Ⅳ. ①F426. 2②F127. 1

中国版本图书馆 CIP 数据核字（2022）第 031525 号

责任编辑：宋艳波
责任校对：刘　昕
责任印制：王世伟

北京能源低碳转型路径研究

主编　鲁　刚

副主编　傅观君　金艳鸣　王晓晨

经济科学出版社出版、发行　新华书店经销

社址：北京市海淀区阜成路甲 28 号　邮编：100142

总编部电话：010 - 88191217　发行部电话：010 - 88191522

网址：www. esp. com. cn

电子邮箱：esp@ esp. com. cn

天猫网店：经济科学出版社旗舰店

网址：http://jjkxcbs. tmall. com

北京季蜂印刷有限公司印装

710 × 1000　16 开　15 印张　260000 字

2022 年 4 月第 1 版　2022 年 4 月第 1 次印刷

ISBN 978 - 7 - 5218 - 3451 - 2　定价：78.00 元

（图书出现印装问题，本社负责调换。电话：010 - 88191510）

（版权所有　侵权必究　打击盗版　举报热线：010 - 88191661

QQ：2242791300　营销中心电话：010 - 88191537

电子邮箱：dbts@ esp. com. cn）

编　写　组

主　编　鲁　刚

副主编　傅观君　金艳鸣　王晓晨

成　员　徐　波　肖鑫利　徐沈智　王　芃　伍声宇

　　　　　王林钰　殷明辉　刘　俊　张富强　贾渭方

　　　　　夏　鹏　闫晓卿　谭　雪　焦冰琦　史文博

　　　　　陈海涛　吴　聪

序言1

　　党的十八大以来，我国持续推进以人为核心的新型城镇化，加快转变城市发展方式，全面提升城市品质。能源是经济社会发展的重要物质基础，城市能源转型升级事关城市建设管理、产业结构调整、生活方式变革、生态文明建设等城市发展的方方面面，对于提高城市资源环境承载能力，统筹生产、生活、生态三大空间布局，建设宜居、创新、智慧、绿色、人文、韧性城市具有基础性支撑作用。

　　习近平总书记在第75届联合国大会上提出中国实现"碳达峰、碳中和"（以下简称"双碳"）目标，城市作为承载经济发展与能源消耗的主要空间载体，也是当前推动"双碳"进程的主战场之一。从国内外的发展历程来看，我国承诺实现从"碳达峰"到"碳中和"的时间，远远短于发达国家所用时间，面临巨大的挑战。未来，随着我国加快推进"碳达峰、碳中和"进程，如何统筹减排与发展、安全，有序推动城市能源系统的清洁、低碳、安全、高效、智慧化转型，制定经济效益与生态效益相统一的城市"双碳"推进路径，是当前阶段经济社会发展面临的重大命题，也是城市能源变革的难点所在。

　　从时间尺度来看，"十四五"期间是我国城市加快推进"双碳"进程的战略机遇期。一方面，以能源电力基础设施为核心，加快城市绿色低碳基础设施的整体布局与建设，能够助力有条件的城市控制碳排放峰值，实现"碳达峰"，为实现"碳中和"争取时间、降低压力；另一方面，以绿色低碳能源技术创新为引领、能源与终端产业融合为路径，驱动产业结构调整与升级，构建自主可控的绿色低碳现代产业体系，提高低碳技术、标准、产品以及专业人才的输出能力与水平，有利于抢占全球低碳科技创新及产业发展新高地，提升我国在全球低碳经济中的核心竞争力以及发展韧性，在深刻复杂变化的国际环境中赢得新一轮发展先机。

北京是全国政治中心、文化中心、国际交往中心、科技创新中心，同时，北京在清洁环保政策的先试先行、化石能源规模的替代压减，以及重点领域的绿色低碳转型方面成效显著，在城市层面推进"双碳"进程的基础良好，比较优势明显。因此，紧密围绕北京城市能源发展特点，探索"双碳"目标下北京城市能源高质量发展道路，打造"双碳"城市发展样板，构建城市现代化经济体系，是最大化其要素资源优势、发挥其辐射带动作用的重要抓手，也是首都城市战略定位的应有之义。

本书系统分析了我国城市能源发展现状、消费特征，以及未来城市能源转型趋势，基于城市能源与社会、经济、环境等要素间耦合关系，构建了城市能源问题分析的理论模型方法，并基于此，对北京中长期能源发展进行了系统全面地分析展望，所得结果较为科学、客观。同时，本书所提出的北京现代能源体系建设实施路径以及重点举措等，也能体现作者在城市能源研究领域的深厚积淀。本书专题部分内容紧密契合热点问题，对北京市清洁取暖、电气化交通、城区规划、需求侧响应，以及城市能源互联网等专题内容，进行了系统深入地分析，所得结果对北京有关政府部门具有一定参考价值。

不仅如此，本书所建城市能源转型模型体系逻辑清晰，相关案例与数据论证翔实，语言通俗易懂，既适于专业研究人员参考，同时也是普通读者了解城市能源发展与北京城市能源发展的很好资料。

中国能源研究会学术顾问、国家能源局原副局长　吴吟
2021 年 11 月

序言2

　　过去一年来，"碳达峰、碳中和"已然成为全社会关注的热点话题，也是引领未来一段时期经济社会发展的重大命题。习近平总书记指出，实现"碳达峰、碳中和"是一场广泛而深刻的经济社会系统性变革。"双碳"目标的推进无疑将深刻重塑城市发展格局，碳减排将成为"十四五"期间城市间竞争的新标尺，城市层面"双碳"战略的实施变得尤为关键。

　　当前阶段，我国应实施以城市为主体的"碳达峰、碳中和"战略。根据联合国公布的数据，城市的碳排放量约占全球总排放量的75%，城市是承载碳排放的主要空间形式，具有碳排放管理集约高效等特点。长期以来，我国农村人口、技术、资金等生产要素源源不断地单向流入城市，城市创新资源集聚的优势明显。实施以城市为主体的"碳达峰、碳中和"战略，不仅有利于发挥中心城市的辐射带动作用，促进新技术新业态新模式的加速创新，同时能够发挥我国体制与制度优势，促进各城市因地制宜地探索"双碳"实施路径，这是对自上而下贯彻落实中央顶层设计的推进模式的有益补充。从当前推进情况来看，中心城市间已经逐步形成了碳减排方面的区域竞合格局。一方面倒逼了要素的高效集聚以及资源的优化配置，加速了各城市"双碳"推进进程；另一方面有利于发挥各区域比较优势，推动区域间的协同优化，加速先进的绿色低碳发展经验与技术大范围、高效率推广，降低各城市探索"双碳"路径的试错成本。

　　实施以城市为主体的"碳达峰、碳中和"战略，需要进一步从行业层面制定科学的城市低碳发展路线图。随着产业分工逐渐细化，不同行业间在技术特性、服务场景等方面差异显著，以行业作为城市实施"双碳"战略的载体形式，能够在兼顾行业间差异性、明细行业碳减排责任、深化细化城市碳减排行动方案的同时，精准把握城市间产业发展共性，增强各行业新技术新模式的可移植性，提高区域间统筹协调能力。从碳排放的重点领域来看，可将错综复杂的城市系统分解成五个关键领域，即工业、建筑、交通、市政、碳汇和农村农业。虽然各城市在工业领域千差万别，但在建筑、交通、市政、碳汇和农村农业等四个领域的共性突出，便于不同城市间开展竞争与合作。

本书从城市能源角度研究"双碳"目标推进路径，内容涵盖产业结构调整、智慧能源建设以及城市治理能力提升等各方面，具有非常重大的理论和实践意义。尤其是没有停留于城市层面的能源供需平衡分析，而是深入研究各行业技术特性并开展定量分析，制定了城市行业级的碳减排路径，为大型城市"双碳"战略的贯彻落实提供了指导。此外，本书立足北京首都城市战略定位，深刻洞悉"双碳"目标下城市能源与经济社会、生态环境之间的耦合关系，加快推动城市能源系统转型升级的同时，能够着眼终端产业的绿色低碳化发展以及现代化经济体系的构建，系统而具体，可作为政府及各行业制定城市"双碳"路径的重要参考。

国务院参事、住房和城乡建设部原副部长　仇保兴

2021 年 11 月

前　言

　　当我们研究城市能源时，应关注哪些重大命题？

　　科学的命题设置能够高屋建瓴地指明研究的关键所在，对于研究开展具有重要的引导价值。当前，城市能源之问尚且缺乏系统性、完整性的深刻解答，仍需在研究中持续深化与丰富。城市能源之问的难以解答，不仅在于对城市能源领域实践的研究尚且不足，更重要的原因是能源作为重要的生产要素和物质基础，其普遍联系的特性尤其突出。从根本上来说，能源发展是为了解决能源之外的问题，通常是经济社会发展问题，而能源产业本身又是经济社会发展的重要组成部分，这种双重性愈发加剧了能源发展的多面性、复杂性甚至矛盾性。因此，能源发展不仅直接关系生产生活发展水平，更具有拉动经济发展、带动就业、打造优势产业、保护生态环境，甚至维护社会公平、保障社会稳定、提高国际话语权等多重任务，而诸多发展任务又因地区经济发展水平、资源禀赋、产业结构、居民生活习惯甚至地理环境、民族文化等的不同，以及诸多相关主体的利益博弈而权重各异。

　　辩证唯物主义认为，矛盾是事物发展的根本动力。从这一角度来讲，城市能源进一步发展必须找准主要矛盾点，也即从城市发展来看，城市能源有何突出不适应性？要回答这个问题，还需要从能源发展与现实需求角度来分析。受经济社会发展水平影响，我国在一段时间内的能源供给能力有限，保障能源供给可靠性是突出需求，能源发展通常以大规模投资拉动为主要方式。随着我国经济社会发展进入高质量发展阶段，能源供需形势也向总体平稳、局部趋紧转变，城市能源发展由单一的主要矛盾转向分散的多点式突出矛盾，其表现就是各主体对于城市能源发展期望目标的多元化，既要打造"清洁低碳、安全高效"的城市能源体系，又希望依托能源新技术打造地方优势产业。目标的多元化带来统筹的挑战与新矛盾，特别是考虑到我国各城市资源禀赋的不同，复杂之处与矛盾表现各异。由此，城市能源的内涵更为丰富，面临的问题更为复杂，解决之道更需遵循系统观。

2020 年 9 月 22 日，习近平主席在第 75 届联合国大会上向国际社会作出"碳达峰、碳中和"的郑重承诺，提出二氧化碳排放力争于 2030 年前达到峰值，努力争取 2060 年前实现"碳中和"。城市作为能源消耗和温室气体排放的集中区域，如何通过城市能源的平衡充分发展，探索"双碳"目标下的城市低碳发展之路，实现人民对美好生活的追求和向往，是新时代推进城市能源发展的根本出发点，需在把握城市能源发展基本规律的基础上，深刻研究其运转机理。同时，实现"碳达峰、碳中和"是一场广泛而深刻的经济社会系统性变革。短期内"双碳"进程推进可能带来经济转型的阵痛，从长远来看，如何以"双碳"进程推进为契机，化挑战为机遇，加快培育绿色发展新产业、新动能，以生产生活方式变革引领和创造新需求，助力构建现代化经济体系，是实现经济效益与生态效益相统一的关键。基于此，本团队基于国家电网有限公司能源电力规划实验室多年积累，开展了城市能源发展的机理研究，并将当前部分成果汇编成书，抛一得之见以引珠玉。

总体而言，本书试图将"双碳"目标背景下的城市能源发展问题置于经济—能源—环境（Economy-Energy-Environment，3E）框架之下，深化研究城市能源与经济社会发展以及城市环境之间的耦合关系。本书共分十一章：第一、第二章分析了"碳中和"目标下我国城市能源发展面临的挑战及未来转型趋势，介绍了国外主要城市能源低碳转型经验与启示，并总结分析了北京能源低碳转型历史进程及"十四五"时期能源发展重点；第三章为全书的理论方法基础，基于 3E 系统框架，详细介绍了城市能源技术模型、经济模型及环境模型的原理方法，以及用于辅助城市能源转型决策的综合评价模型，形成了适用于当前城市能源问题分析的一体化城市能源综合规划决策支持系统；第四至第五章为北京未来能源低碳发展的展望，对北京市中长期能源发展进行分品种、分部门展望与综合评估，提出北京构建现代能源体系和"碳中和"目标的实现路径；第六至第十一章选取不同领域北京城市能源低碳发展的几大现实问题，包括建筑领域的清洁供暖、交通领域的电气化交通、终端需求侧的响应及城市能源互联网和城区能源规划等，从城市能源低碳转型的角度开展分析，并提出发展建议。

本系列丛书选取北京作为第一座分析城市，这座超级城市长期聚集着中国最丰富的资源，是全国政治、文化、国际交流及科技创新中心。与此同时，随着城市空间规模不断扩张、能源消费一路走高，这座城市承载的生态与环境压力格外凸显。20世纪末的北京，能源消费尚且以煤炭和石油等黑色能源为主。尤其居民生活、餐饮行业、"小散乱污"企业的燃煤散烧，是雾霾形成的重要原因。伴随着改革开放的进程，北京不断强化绿色发展理念，城市战略定位经历了从聚集资源求增长到疏解功能谋发展、从工业文明时代到生态文明时代的转变，经历了以"脱煤、提气、增电"为主要特征的能源转型过程，完成了从以煤为主到以天然气、电力为主的清洁型能源结构的巨变，成为全国城市能源转型先行示范。随着北京建设国际一流、和谐宜居之都的步伐不断加快，作为中国第一个将燃煤发电写入历史的城市，实现能源清洁化转型后如何探索高质量发展之路，做完"减法"之后如何做好"加法"，如何用电气化继续守住"北京蓝"和率先实现"碳中和"，为应对气候变化做出北京示范，是事关北京能源发展大计的关键问题，而北京的这些实践与探索，会对其他城市的能源转型提供有益借鉴。

关于城市能源之问，无疑需要交出的是一个系统性并不断发展的答案，除了上文提到的重点问题，还有诸多实践问题需要我们分析研究。可以预见的是，城市能源的发展是一个与时俱进、内涵不断丰富的动态过程，阶段不同、主要矛盾不同，高质量发展的内涵与重点也会随之变化。从这一角度来看，本书所承载的研究成果仅是城市能源发展在当前时间截面的一个映射，也是本团队研究人员的一个阶段性认识，自然仍需深化研究、久久为功。事物的发展无不遵循否定之否定的基本规律，然而历史变革不仅需要变革的方法，更需要推动变革的力量，愿城市能源研究也能够继往开来，并汇聚推动城市能源变革的一部分力量。

本书研究过程中得到了北京市发展和改革委员会能源发展处、北京未来科学域管理委员会、国家发展和改革委员会能源研究所、北京市城市规划设计研究院、中国建筑科学研究院有限公司、北京市交通发展研究院、北京市生态环境保护科学研究院、国网北京市电力公司、北京市燃气集团研究院等机构多位专家的支持和帮助，在此表示衷心感谢！由于水平所限，不足和疏漏在所难免，欢迎城市能源领域的专家学者批评指正。

编者

2021 年 11 月

目 录

第一章 "碳中和"目标下我国城市能源未来转型趋势及国外经验

第一节 "碳中和"目标下我国城市能源发展面临的挑战

能源是城市经济发展和社会进步的重要物质基础。能源系统作为城市系统中的重要子系统,随着能源技术的不断革新,推动着城市交通、建筑、工业等其他子系统不断升级与进化。纵观城市与能源发展历史,从薪柴时代到煤炭时代再到油气时代,每个时代的变迁都伴随着能源系统的变革,而能源系统的变革又会更快更好地推动城市文明的发展,改善人类生活与工作环境。

工业革命前,人类主要从事以农业生产为主体的第一产业活动,城市规模相对较小,工商业发展缓慢,主要能源为秸秆和树木,此为"薪柴时代"。随着第一次工业革命的兴起,蒸汽机的发明使第二产业工业得到快速发展,大量劳动力涌入城市,城市规模快速膨胀,能源消耗也急剧增加。薪柴等低能量密度生物质燃料已不能满足生产生活需求,人类社会进入"煤炭时代"。19世纪70年代以来,电动机、发电机的发明引领世界进入"电气时代",石油和天然气在这一时期快速崛起,石油逐步取代了煤炭成为主体能源。第二次工业革命提高了工业生产效率,推动了工业持续发展;电力在城市得到了广泛使用,逐步改变了人类生活方式，第三产业服务业也逐步繁荣。同时，人们的用能需求变得更加多样化，对冷、热、电等能源品类的数量和质量的要求也进一步提升。当前，随着人类开始大规模开发新能源，加速发展储能、氢能、P2X 等新技术，以及互联网普及应用所带来的社会各领域的巨变，多能互补、产销一体、供需互动等新模式新业态正逐步改变着能源利用方式与效率，能源革命与数字革命深度融合正带来城市能源发展的面貌一新。

研究城市能源首先需要明确所研究城市能源的类型。一般而言，城市产业结构、资源禀赋等情况决定了其是能源输出型还是输入型。对于能源资源型城市，传统化石资源往往是支柱性产业，但由于这类资源的不可持续性，令这些城市面临着产业转型、城市升级的"资源诅咒"①。这一世界性难题要求能源资源型城市的主政者，要能够统筹解决能源利用清洁低碳转型问题和依附于能源资源的产业结构突围挑战。而对于大部分城市，作为能源资源输入型城市，核心是解决"清洁低碳、安全高效"的现代城市能源体系建设问题。当然，由于城市间存在较大差异，能源转型路径、节奏、特色会有较大不同。其中，中心大城市能源消费体量巨大，提高能源利用效率、改善能源环境期望高，新技术、新业态、新模式培育产业化能力强；而我国中小城市能源资源消费体量相对较小，但地方特色更为鲜明。考虑到本年度我们的核心研究对象是北京市，以下内容主要围绕能源资源输入型中心大城市开展分析阐述，未来将在其他城市能源发展蓝皮书中对能源资源型城市能源转型问题开展全面研讨。

我国在第 75 届联合国大会上向国际社会作出"碳达峰、碳中和"的郑重承诺，提出二氧化碳排放力争于 2030 年前达到峰值，努力争取在 2060 年前实现"碳中和"。城市是能源消耗和温室气体排放的主要空间载体，同时聚集了大量技术、资金、人才等生产要素，是当前阶段推进

---

① 能源资源型城市分布地区大致对应能源基地，除化石能源外，"三北"地区部分城市也拥有丰富的风光资源。《能源发展"十三五"规划》中明确了 14 个大型煤炭生产基地、西北西南石油天然气基地以及"三北"地区风电和光伏基地。

"双碳"进程的主要阵地。实现"碳达峰、碳中和"是一场广泛而深刻的经济社会系统性变革,随着"双碳"进程不断推进,碳减排等约束性指标将持续强化,在经济结构及技术条件短期内无法明显改善的情况下,碳减排等约束强化将影响经济增长空间。如何统筹减排与发展、安全,即实现城市经济增长与碳排放的有序脱钩,是未来面临的突出挑战。

具体来看,我国城市碳排放总量高、强度大,随着城市人口及经济平稳增长,用能需求总量在一段时间内仍将保持上涨趋势,受产业发展惯性以及资源禀赋等影响,以煤炭为主的能源结构短期内无法改变,城市碳减排任务艰巨;科技创新有望在城市"双碳"推进过程中发挥支撑引领作用,然而,绿色低碳技术研发具有行业分布广、投入大、周期长、不确定性高等特点,尤其是民航、冶金、化工等领域,技术替代难度大;此外,如何结合各地区发展情况科学合理地分配碳减排责任,如何紧抓绿色发展机遇期推动产业结构升级、构建现代经济体系,都是"双碳"目标下城市能源发展面临的重大任务。

▶ 一、城镇化加速推动能源需求持续增长

随着城市规模的扩大和经济的发展,城市能源需求稳步增长。根据国际能源署(International Energy Agency,IEA)统计,世界城市面积占地球总面积不到1%,却消耗了全球76%的煤炭、63%的石油和82%的天然气。从国内来看,城市能源消费量占到了我国一次能源消费总量的70%~80%,城市地区人均能耗、单位建筑面积能耗、千人汽车保有量等是农村地区的数倍。

我国城市能源消费具有"高密度"的典型特征。以京津冀及周边省份(北京、天津、河北、山西、山东、河南)为例,国土面积仅占全国的7.2%,消耗了全国33%的煤炭,生产了全国43%的钢铁、45%的焦炭、31%的平板玻璃、19%的水泥、60%的原料药、40%的农药,原油加工量占全国的28%。京津冀及周边、长三角、汾渭平原等区域单位国

土面积煤炭消费量是全国平均水平的 4~6 倍。从电力负荷密度来看，纽约、巴黎、东京等国际大都市核心区电力负荷密度大约为 1.4 万~2.9 万千瓦/平方公里；国内北京、上海等一线城市中心城区（核心区）负荷密度为 3 万~3.5 万千瓦/平方公里，天津、济南、厦门、青岛等城市中心城区（核心区）负荷密度约为 2 万千瓦/平方公里。

随着城市产业结构的不断升级，未来城市能源消费格局将快速演进，工业用能占比将不断降低，逐步由工业部门向建筑和交通部门转移。从我国城市能源消费结构来看，2017 年工业用能占比 70.7%，建筑用能占比 18.6%，交通用能占比 10.7%。随着新型城镇化深入推进，建筑总量仍将持续增长，依托建筑形成服务场所的第三产业仍将快速发展；人民群众生活水平处于提升期，对居住舒适度及环境健康性能的要求不断提高，大量新型耗能设备进入家庭，建筑能耗将成为城市未来能源消耗的主要增长点。随着汽车保有量的增加以及民航业的较快发展，交通部门用能也将持续较快增长。

⚙➔ 二、大部分城市能源资源匮乏，不足以支撑用能需求

我国大部分城市能源资源供需矛盾突出，能源供应存在较大缺口，绝大部分能源需要从城市外部输入。我国城市能源消费在空间分布上呈现明显的集聚特征，城市能源消费集中在东部沿海发达地区和区域中心城市，特别是以长三角、珠三角、京津冀为代表的大型城市群能源消费高度集中。2018 年，长三角地区的煤炭、石油、天然气的消费量约为 6.07 亿吨、1.08 亿吨、544 亿立方米，分别占全国总消费量的 15.9%、17.7%、20.0%。由于区域内部能源资源禀赋不足，能源产需缺口较大，能源消费高度依赖外部输入，其中煤炭主要依赖外省调入，石油依赖国外进口，天然气则二者兼顾。可见，能源输入型中心城市由于能源需求体量巨大、能耗密度高，能源消费的总量超出区域供给能力，同时具有能源资源匮乏与经济发展水平相对高的特点，能源供需矛盾突出。

目前，我国能源流向仍呈现"自西向东""自北向南"的总体格局；随着东部和南部地区城市化的快速发展，能源流规模呈现扩大态势。2021年，山西、内蒙古、陕西、新疆、贵州5省原煤产量合计为33.8亿吨，占全国总产量的83.1%。原油产量约57.0%集中在东北、西北石油产区；天然气国内产量约66.7%集中在西南、西北供应基地。我国能源输入型的大型城市主要分布在中东部经济发展水平较高的地区，主要集中在长三角、珠三角、长江中游、环渤海、成渝以及省会城市等区域，并辐射形成长三角城市群、珠三角城市群、长江中游城市群、环渤海城市群以及成渝城市群等城市群。典型代表包括北上广深等一线城市以及成都、重庆、杭州、苏州等城市。能源输入型的大型城市经济发展较为领先，已经逐步步入工业化后期，第三产业占比高于其他产业。

◀▶ 三、城市环境污染严重，亟待清洁化转型

以化石能源为主体的能源消费结构造成的环境问题已经成为制约城市可持续发展的最主要因素之一。基于我国能源资源禀赋特点，大部分城市的能源消费结构以煤炭为主，可再生能源在城市的利用比例还比较低，分布式太阳能、风能、生物质能等尚未形成规模化应用。化石能源在生产、传输、转化和消费过程中所产生的有害气体和粉尘颗粒，对城市大气、土壤和水资源造成严重污染，是造成大气污染和城市灰霾的主要因素。

城市能源革命是推进生态文明建设的重要抓手。据统计，中国城镇化水平每提高1个百分点，生活污水就会增加11.5亿吨，生活垃圾增加1200万吨，建设用地增加1000平方公里，生活用水增加12亿吨，能源消耗增加8000万吨标准煤[1]。在2020年监测的337个城市中，超过40%的城市环境空气质量超标，337个城市发生重度污染1152天次、严重污

---

[1] 王一鸣：《中国的绿色转型：进程和展望》，载于《中国经济报告》2019年第6期，第18～25页。

染 345 天次（见图 1 - 1），以 PM2.5 为首要污染物的天数占重度及以上污染天数的 77.7%。京津冀、长三角等地区城市空气质量达标率不高；河南、山东、江苏和安徽四省交界地区污染较为突出。空气污染对城市居民的生产生活和身体健康都带来了不利影响。因此，推动能源清洁化转型将成为城市生态文明建设的关键。

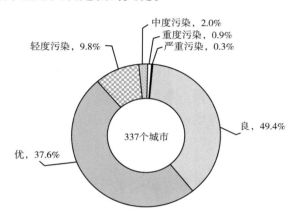

图 1 - 1　2020 年我国 337 个城市环境空气质量达标情况

　　城市能源使用需兼顾经济性与绿色发展，既要考虑能源结构优化、能效升级，又要考虑智慧便捷、协同发展。城市快速发展面临严峻的资源环境约束、可持续发展和社会安全等挑战。城市能源发展不仅要满足基本的用能需求，还要满足更高标准的生态环保和战略安全要求。随着各类能源间的协同优化，以及节能降耗工作的有力推进，城市能源利用效率得到显著提升，能源消费强度得到进一步控制。例如，《京津冀能源协同发展行动计划（2007—2020 年）》提出，2020 年京津冀煤炭消费力争控制在 3 亿吨左右，要大力推进可再生能源发展，鼓励多能互补、智能融合的能源利用新模式。

----→　四、城市保持发展下实现能源深度减排面临"瓶颈"

　　相对于感受更为直接的环境污染，气候变暖是全球性问题。长期以来公众应对气候变化的意识普遍不足，碳减排行动的主动性有待增强。

近年来，我国大气污染物的末端治理工作取得了显著成效，然而碳捕集、封存及利用等碳减排核心技术仍远未成熟，碳减排缺乏最直接、有效、经济的技术手段。整体来看，碳排放与能源结构调整以及产业结构升级的耦合度更高，如何在保持城市稳步发展的同时实现能源深度减排进而实现经济效益与生态效益相统一，是当前城市发展面临的重大命题。

受我国"多煤、贫油、少气"的能源资源禀赋约束，未来一段时间之内，煤炭仍将作为我国能源消费结构的主体，并持续带来碳排放严重的问题。从终端能源消费各部门来看，我国近年来持续推行电能替代行动，大力开展工业、建筑等重点领域的煤改电。未来，随着大型城市建筑领域的用能需求持续提升，若供给侧新能源发电占比不足，建筑领域能源消耗的碳排放量将持续高企。受技术特性影响，航空、航运、工业高温热能、长途公路运输等高能耗、高排放领域的电能替代潜力受限，氢能等新型替代技术的推行，一方面受自身技术成熟度不足影响，商业化应用能力不足，尤其是航空、航运等领域在短期内尚无可预期的替代技术；另一方面加氢站等基础设施建设的严重不足使得系统改造成本过大，短期内难以大规模推行。

产业结构调整是城市能源绿色低碳转型的重要举措，同时也是经济社会高质量发展的必然要求。然而，受产业发展惯性影响，产业升级的同时通常带来结构调整的"阵痛"，基础核心技术的研发具有投入大、周期长、不确定性高等特点，而高层次复合型人才及专业技术人才的培养都难以在短时间内完成。怎样推动有效市场和有为政府更好结合，如何依托创新加速能源与终端产业的融合及协同发展，传统产业能否攻坚克难、新兴产业能否持续发力，都将是"双碳"目标下推动产业结构调整，培育城市绿色低碳发展新产业、新动能亟须解决的新命题。

▪▪▪➤ 五、城市各能源系统独立运行，导致协调不足

城市能源系统主要包括电力系统、燃气系统及供热系统，在规划与运行层面需要综合统筹考虑不同能源子系统的互补互济，实现经济、环

境、能源利用效率提升等综合效益。当前，我国城市能源规划与管理还主要以条块分割、各自为政为主，存在较大优化空间。如图 1 − 2 所示，我国城市电网负荷峰谷差较大，加剧了弃风弃光、电力相对过剩等问题，需要增加调峰灵活电源，而燃气发电机组恰恰是非常灵活的调峰电源；电能目前仍无法实现大规模储存，天然气却可以进行季节性储存；传统工艺的热电联产存在热电矛盾，但可以通过加装蓄热装置、改变热电联产工艺流程等手段，利用热和电在响应速度上的差异特性，实现热能辅助电力调峰。当前，我国天然气消费季节性差异较大，各省电力最大负荷 95% 以上持续时间普遍低于 24 小时，能源供需的季节性、结构性和区域性矛盾日益凸显。电力系统、燃气系统及供热系统之间协调规划运行，发展综合能源系统，推进城市能源互联网建设，是促进社会用能效率提升、促进可再生能源规模化利用、实现城市能源可持续发展的有效途径。

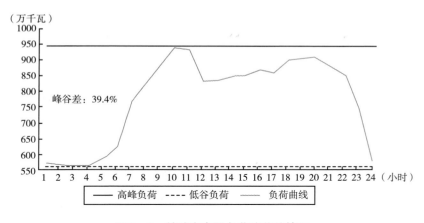

图 1 − 2　某城市电网负荷峰谷差情况

　　总体上，目前行业内市场壁垒、信息壁垒还比较严重，资源得不到最大化综合利用。这不仅涉及煤、天然气、石油、电力等能源行业，也和互联网、IT、汽车等行业密切相关。能源系统基础设施建设缺乏统一规划和建设，相关供能主体普遍希望占据新增用能市场，存在相互掣肘的现象。各行业之间数据壁垒严重，缺乏数据共享和协同治理，能量流和数据流的融合面临较大的挑战。

综上所述，对于我国大部分城市，经济发展、城市化进程推动着城市能源需求快速增长，能源供应亟须提升多元化、高效化水平；面对城市环境污染严重问题，亟须提升城市能源消费的清洁化、电气化水平，推动能源结构优化、能效升级；面对城市碳减排调整，亟须加强能源与垂直产业融合，以能源科技创新驱动垂直产业转型升级及产业结构优化；此外，如图1-3所示，城市能源系统中多种能源品类之间具有良好的互补潜力，亟须提升城市能源各品种间规划与管理的协同化水平，依托城市能源互联网建设提高系统间互补互济能力。

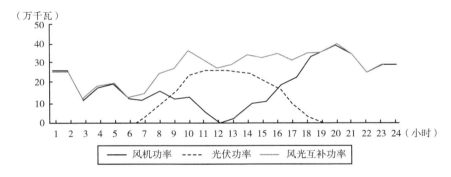

图1-3 某城市风光发电情况

第二节 "碳中和"目标下城市能源系统
未来转型趋势

习近平总书记在党的十九届五中全会指出，要以满足人民日益增长的美好生活需要为根本目的，统筹发展和安全，加快建设现代化经济体系，加快构建以国内大循环为主体、国内国际双循环相互促进的新发展格局。[①] 能源是经济社会发展的重要物质基础和生产要素，城市能源转型

---

① 《中共十九届五中全会在京举行》，中国共产党新闻网，2020年10月30日。

升级与城市经济社会发展呈现深度耦合、相互影响的螺旋式上升关系。一方面，城市产业结构、人口规模、资源禀赋等深刻影响能源发展格局，城市化进程动态重塑城市能源转型路径，加速推动城市能源革命；另一方面，城市能源的高质量发展也将变革生产生活方式，驱动终端产业的转型升级，为畅通国内国际双循环提供基础动力源泉。近年来，中心城市和城市群成为承载经济发展要素的主要空间形式，大型城市的高密度空间结构形成了集中式供电、供气、供热系统，发挥集聚效应和规模效应的同时也产生了高密度、高排放的能源消耗单元，造成了城市生态环境恶化等系列问题。

随着我国推进"碳达峰、碳中和"进程，大型城市需要进一步统筹资金、技术、人才等生产要素的合理流动与高效集聚，以创新为引领发展的第一动力，提升能源企业技术创新能力，激发能源专业人才创新活力，推动能源供给与消费结构持续优化。同时，充分发挥能源的生产要素属性，加速能源及终端各产业的融合发展，加快新型能源基础设施建设，以"能源+数字"的智慧能源形态赋能产业高质量发展，积极培育绿色低碳智慧化的现代化产业链。总体上，将以高质量供给引领和创造新需求，提高大型城市经济质量效益和核心竞争力，为建设现代化经济体系注入绿色发展新动能，打造生态效益与经济效益相统一的城市能源绿色低碳转型新样板。

城市的高质量发展对能源高质量发展提出了迫切需求。如图1-4所示，城市空间架构与能源系统存在深刻的耦合演进与发展关系。随着我国城市经济向高质量发展转型、城市环境向绿色生态化转型，如何考虑经济发展、能源安全等因素，探索构建新型城市能源发展模式，成为我国推进落实能源革命亟待解决的问题。根据全球能源转型委员会（ETC）研究，未来全球能源转型呈现以下趋势：一是清洁电气化。这既包括加快非化石能源等清洁电源的发展，也包括提高生产生活中的电气化水平。二是加速脱碳化。主要是加快工业及交通领域非电能源应用的脱碳化处理。推进利用生物质能、氢能对传统化石燃料进行替代，积极开展碳捕获、利用与封存（CCUS）的技术研发和应用推广。三是能源高效化。全面提高能源利用效率，包括推进节能技术改造、产业结构优化、循环经济利用模式推广等方面。四是能源智慧化。主要依托能源互联网、智慧能源等新技术，形成分布式与集中式相容的新型能源电力供应与消费体系。

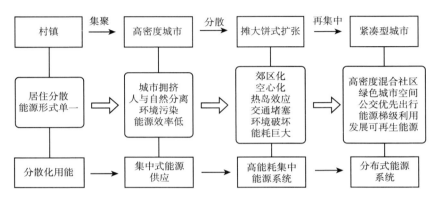

图 1-4 城市空间结构与能源系统耦合演进与发展

习近平总书记在主持召开中央财经领导小组第十一次会议研究经济结构性改革和城市工作时曾指出，做好城市工作，首先要认识、尊重、顺应城市发展规律，端正城市发展指导思想。[①] 从城市经济、社会和环境的发展对城市能源系统的长期要求看，构建清洁、低碳、安全、高效和智慧的城市能源系统是城市能源转型的趋势与目标。

一、城市环境容量的有限性要求减少能源系统大气污染物排放，实现能源系统清洁化发展

伴随城市经济不断发展，能源需求日益旺盛，能源消费的持续增长直接导致城市环境污染的加剧，环境恶化对城市发展和居民生活存在威胁。《国家新型城镇化规划（2014—2020年）》将生态文明、绿色

———————————

① 《习近平主持召开中央财经领导小组第十一次会议》，中央政府网站，2015年11月10日。

低碳作为规划工作的基本原则，城市建设须转变以往以经济发展为主导目标的发展思路，而更重视城市发展的品质和居民生活的质量。清洁低碳的可持续城市能源系统将推动城市能源生产和消费的方式由粗放型转变为精益型，由高污染高耗能转变为低污染低能耗。因此，通过改变经济增长方式和产业结构，推动能源系统清洁化转型，对降低大气污染物排放，实现环境友好发展和保障居民健康生活具有重要意义。

⏩ 二、城市低碳化发展趋势要求减少能源系统温室气体排放，实现能源系统低碳化发展

煤炭、石油等碳排放强度较大的能源支撑了世界的发展，也引起了全球升温、气候变化等问题。在全球气候变化的背景下，低碳经济日益受到世界各国的关注，推动着世界主要能源由煤炭、石油向无碳、可再生能源和其他新能源转化。城市是人类活动和能源消费的主要场所，也是区域社会经济发展的焦点和核心，应率先实现低碳转型，城市能源消费结构应逐步趋向低碳化。

⏩ 三、城市对经济社会稳定运行要求越来越高，要求城市能源保障更加安全可靠

能源安全及电力可靠供应是城市安全的重要组成部分，是关系城市经济社会发展和人民根本利益的全局性、战略性问题。现阶段我国城市能源安全的主要问题表现为城市能源应急管理体系不完善、能源储备结构不合理等。目前我国仅有北京、河北、天津、陕西等少数地方建立了LNG应急储备站，储备量较少。因此，未来城市能源转型需要提升能源储备能力，发展城市本地可再生能源，提高本地能源供给率，推动多种能源优势互补、梯级利用，实现能源"从远方来""从身边来"相得益彰，形成多元化的城市能源供应体系。同时，利用数字化技术促进不同

品种能源协同互补,形成互联互补、互通互享的城市能源平台,提高城市能源系统应急能力。

⋯⋯➤ 四、城市经济的可持续增长要求能源消费强度不断降低,实现能源系统高效化发展

随着城市的持续发展及产业转型升级,城市将进一步向精细化的管理及发展方式转变,逐步降低对资源的依赖程度。同国际发达城市相比,我国大型城市的能源消费强度依然较高。未来,随着技术的研究与推广应用,实现能源系统高效化发展,助力构建城市高质量经济体系。

⋯⋯➤ 五、发展智慧城市要求建设新型能源基础设施,融合能源技术与数字技术,发展能源互联网,实现能源系统智慧化升级

随着云计算、大数据、物联网等现代 IT 技术的快速发展,世界各国对"智慧城市"理念已达成广泛共识。利用先进的信息技术,实现城市智慧式管理和运行,可为人们创造更美好的生活,促进城市的和谐、可持续成长。能源作为城市的基础设施,要顺应城市的智慧化发展潮流,以更高级的智慧形态发展成为智慧城市的有机组成部分。城市智慧能源系统需要满足城市不断扩展的功能,具有智能、弹性、环境友好等特征,可实现不同系统间以及与智慧交通、智慧建筑、工业互联网等之间的有机协调,提高社会能源供用的安全性、灵活性、可靠性。数字革命将赋予能源用户更广泛的消费选择权,新技术、新业态、新模式将不断涌现。

第三节 国外主要城市能源转型经验与启示

纵观国外典型城市,其能源转型具有与其资源禀赋、历史沿革、国

家整体制度与政策环境、城市政策相关的特定性，同时又具有相似的发展趋势。目前来看，清洁、低碳、安全、高效、智慧成为国际城市能源转型的共同发展理念，将能源供应与环境治理相结合，将碳排放、清洁能源占比、能源利用效率等指标都统筹纳入城市未来发展规划考虑。

▄▄▄▶ 一、国际主要城市能源转型经验

（一）能源供给方面

在满足能源供给增量方面，全球典型城市的主要做法表现为：一是充分清洁化利用城市内部光伏、生物质等能源资源；二是合理选择城市外部天然气等清洁能源，实现城市内外部清洁能源的最大化利用；三是建立城市综合能源系统，实现冷、热、电等多能协同互补，提高能源利用效率。

1. 最大化利用城市内外部清洁能源

新能源技术的快速发展驱动许多城市开展了促进可再生能源利用的探索实践，可再生能源成为城市建筑、交通、工业能源消费的主要构成。截至 2020 年底，全球设立可再生能源目标的城市共有 834 个，主要集中在欧洲和北美的高收入国家和地区，其中 617 个城市设立了 100% 可再生能源目标（见表 1－1）。目前已实现 100% 可再生能源的城镇主要是小城镇，特别是偏远的城镇或孤立的岛屿；而大中城市主要集中在相对容易实现的可再生能源电力方面。例如，瑞典马尔默市、丹麦提斯特德市、德国达尔德斯海姆等，均已实现 100% 可再生能源热力及电力。但城市高比例可再生能源一直面临高成本、高投资的挑战，需要创新发展交易机制、融资机制、商业模式等。

表 1 – 1　　　　　　　世界典型城市可再生能源目标及主要措施

城市	可再生能源目标	主要措施
阿姆斯特丹	2020 年人均可再生能源量比 2013 年增加 20%，人均能源消耗比 2013 年降低 20%；到 2025 年能源自给自足率达到 25%，2040 年能源自给自足率达到 50%	鼓励使用清洁能源，同时提高既有能源使用效率。该市 90% 的土地所有权用于鼓励地区能源发展，为可再生能源安装提供补贴；寻求从数据中心获取余热；城市供暖系统由热交换系统、生物能源和地热等可持续能源支持
迪拜	制订迪拜清洁能源战略，到 2030 年，可再生能源发电占比达到 25%，到 2050 年提升至 75%	依靠强有力的政策吸引国际大型企业参与阿联酋可再生能源项目建设，加大屋顶光伏等项目投资拨款，开展可再生能源电解水制氢先导项目合作
法兰克福	2050 年可再生能源供应率达到 100%，温室气体年排放量相较 1990 年降低 95%，能源消耗总量降至 2010 年的 50%	推动电力供给与消费的转型升级，提高终端电气化水平，引导家庭错峰用电；在建筑供能中应用可再生能源及分布式发电设备，设定新建建筑的能效标准，对既有建筑进行能效改造，推动节能设备
赫尔辛基	2020 年可再生能源占能源生产的 20%（2013 年为 7%）	制订可再生能源开发及利用相关规划，加大可再生能源和无碳能源投资，在建筑规划阶段就可再生能源利用进行指导，制订建筑领域可再生能源的目标计划并监测计划进展情况
中国香港	在 2035 年或之前把可再生能源在发电燃料组合中所占的比例提升至 7.5%~10%	放宽有关楼宇安全的规定，屋顶太阳能光伏系统高度允许到 2.5 米；为私人购买可再生能源发电系统提供税务优惠；提高公众对可再生能源技术的认识，鼓励公众参与到可再生能源发展行动中；增加海上风力发电建设

众多城市提高以可再生能源为主的清洁能源供给的做法具有一定的共性。在能源供应环节，统筹考虑城市能源资源条件与可通过大电网等渠道获取的外部资源，优化平衡内外部资源搭配，以最大程度利用清洁能源。在能源加工转换环节，推动电与热、气等能源系统的协同优化，科学规划热电联产、热泵、燃气三联供等多能耦合环节的规模和布局。在能源存储环节，根据城市能源利用特点，合理配置储电、储热、制氢等能量的多元存储方式，提高综合能源系统灵活性，促进清洁能源消纳。

2. 注重区域供热与制冷

国际研究广泛认同节约能源、紧凑规划、循环经济的理念，在区域建立小循环系统促进节能和资源循环利用，并在城市建立大循环系统，促进不同空间形态间互补互济，实现城市整体系统节能、循环联动。通过区域供暖，哥本哈根已经满足全城98%的暖热需求。丹麦等国将区域能源作为能源相关政策的基础国策。哥本哈根（丹麦）、赫尔辛基（芬兰）和维尔纽斯（立陶宛）等欧洲城市，区域能源网络几乎满足了城市所有的供热和供冷需求。

3. 加强信息系统与能源系统的融合与共建

推广智慧能源管理技术。美国博尔德市利用先进的信息通信系统开展节能，提高运行效率；德国 E-energy 项目城市群基于先进的 ICT 技术，做到发、输、配、用整体高效化、智能化；日本北九州市通过智能设备的投入使用，提升清洁能源占比，改进了城市能源消费结构；丹麦哥本哈根市通过电力清洁转型以及经济政策刺激，完成了城市能源结构的转型。

应用大数据、互联网、人工智能、智能电网等技术，提高城市能源管理的精细管控能力、安全自愈能力和公共服务能力。日本运用数字化、信息化手段，有效提高城市能源与资源的使用效率以及管理的智能化水平。例如，日本柏叶智慧城市，在2.7平方公里的城区内，建设统一的智能数据收集中心和地区能源管理系统，实现了能源供给和需求的可视化、智能化管理，整体优化城市能源利用，同时还实现了灾情时期的能源信息管理、电力再分配，是日本首个运用智能手段的系统性解决方案尝试。

（二）能源消费方面

在能源消费方面，国际典型城市的主要做法：一是节能优先。发展公共交通，设计被动式低能耗建筑，建立和实行工业品强制性能效标准等。二是制定节能鼓励政策。以政府为主导构建节能法规体系，设立节能服务机构，以及建立节能公共财政预算和节能公益基金。

1. 推行强制性和自愿性能效标准

美国政府注重运用强制性和自愿性能效标准推进节能工作。在住宅和商业领域，美国政府制定实施电器和设备能效标准标识，截至 2020 年，已对 25 类消费者产品、26 类商用和工业设备、15 类照明产品和 5 类用水器具制定了具有法律效力的强制性能效标准；美国环保署和能源部联合推行自愿性的"能源之星"标识项目覆盖家电、空调等 70 多类产品和设备，并吸引了全球 16000 多家机构加入了"能源之星"合作伙伴计划。在交通行业，美国环保署制定了汽车油耗标准和气体排放标准，以减少交通用能，而加州等 14 个州实施比联邦更严格的标准。日本独创了影响深远的能效领跑者制度，与最低能效标准不同，该制度设定同行业中能效最高的产品为能效目标，用以激励企业加快技术升级、生产高效能产品。根据欧盟指令立法，对所有建筑物按每平方米耗能情况进行登记，形成能耗证书。业主出租、出售住宅，必须同时出具此证书。新建筑必须符合新的能源标准方可开工。在此政策影响下，德国已出现了所谓"零供热"建筑，即全年依靠太阳能取暖。新加坡政府特别规定，凡是购买省电装置的用户，可享受固定资产折旧期为一年的优惠，从政策上支持节电产业和优质产品发展。尽管旅游业是当地经济的支柱产业之一，但当地政府仍规定旅游饭店必须首先落实节电措施，否则不准开业。

2. 构建节能措施服务体系

日本采用"规范—服务—鼓励"三位一体的节能措施体系。一是规范型措施，构建节能法规体系，强制使用节能高新技术。二是服务型措施，设立节能服务机构，提供信息服务，开展节能交易；由能源用户与专业节能服务公司签订节能项目合同，节能服务公司提供项目投资、设计、施工、监测和管理等一条龙服务，能源用户从节能效益中支付一定比例的服务费用及设备改造成本。三是鼓励型措施，财政与税收支持，提供低息贷款和节能补贴。

3. 多渠道增加节能投入

美国政府节能资金主要有两大类。一是公共财政预算。这类资金主要用于节能项目宣传、奖励高效节能的机构和个人。二是节能公益基金。美国《国家节能政策法令》规定，各个机构可以从水、电、气等公用事业单位得到一定的资金、实物或服务等资助，以便对节能工作进行更有效的管理。目前，已有30多个州通过提高2%～3%的电价建立了类似的节能公益基金。这类基金由各州的公用事业委员会负责管理，重点支持能效计划项目、低收入家庭扶助项目和技术研发推广等。

4. 制订碳减排规划与目标

近年来，国际发达城市基于自身发展需求和资源禀赋，先后制定公布了碳减排甚至"碳中和"目标，并制定了碳减排相关规划（见表1-2）。总体来看，各城市注重以成本可接受的方式实现碳减排目标，推动碳排放与经济发展的脱钩，甚至依托低碳化转型推动经济转型，着力实现碳减排与经济发展双目标的同步实现。从各领域来看，交通、建筑是各城市碳排放及改造升级的重点领域，优化能源供给与消费结构是关键，工业城市则注重发展资源节约型商业和工业，在实现碳减排目标的同时保持核心产业竞争力。

表1-2　　　　　　　　　　国际主要城市碳减排规划与目标

城市	碳减排目标	规划举措
温哥华	建成"最绿城市"，2020年温室气体排放较2007年减少33%，2050年减少80%	制定《温哥华最绿城市行动规划（2015－2020）》，将"最绿城市"愿景分解为零碳、零废弃、健康生态系统三个方面，其中零碳愿景主要推行绿色建筑、绿色交通、气候与可再生能源策略
哥本哈根	2025年实现"碳中和"，力争成为全球首个实现"碳中和"的首都城市	发布《哥本哈根2025年气候规划》，从能源生产、能源消费、绿色交通、市政管理四个方面制定三个阶段（2013～2016年、2017～2020年、2021～2025年）的零碳城市路线图

续表

城市	碳减排目标	规划举措
赫尔辛基	2035 年实现"碳中和"	制定《赫尔辛基碳中和 2035 行动计划》,推行以建筑和交通为重点的 8 个方面共计 147 项行动,加大在建筑能效、可再生能源、低碳交通和无碳能源等方面投资
利兹	到 2036 年碳排放较 2019 年减少 53%;成为英国首个零碳城市区域	发布利兹城市区域气候变化行动议程,发展资源节约型商业和工业,降低企业能源支出和碳排放;提高家庭能效,降低用能负担;建成低成本和低碳能源网络,集成智能电网;建设高效和综合交通系统,提高电动和氢动力汽车占比
阿姆斯特丹	相较 1990 年,2030 年、2050 年碳排放分别降低 55%、95%	制定《气候中和计划》,在 2040 年前建成"无天然气城市";通过《阿姆斯特丹气候中和 2050 路线图》,从建筑、交通、能源、工业与港口、市政府五个方向推进行动

(三)能源技术方面

在能源技术方面,国外典型城市的主要做法:一是加强能源基础设施与信息系统的共建与集成,建立综合能源智慧化服务平台,采集能源供给、能源消费等环节的数据,提升城市能源管理运营水平;二是注重城市能源整体解决方案的集成,以经济和能源的高效利用为目标,提出协同技术选择方案。

1. 大力发展新能源技术

欧盟委员会制定的《欧洲战略性能源技术计划》提出了以可再生能源技术创新作为核心的低碳能源战略和技术路线图。欧盟各国已经形成各具特色的能源科技核心竞争力:德国在太阳能、生物质能、能源互联网、电动汽车技术位居全球技术前沿;法国、芬兰、挪威等国家分别在核能、生物质能和水能领域具有核心竞争力。

在提高能源效率和节能的政策目标下,丹麦建立了适合本国国情的绿色能源产业,常规的支撑技术包括:清洁高效燃烧、热电联产、工业化沼气、风电和建筑节能等。丹麦着眼于未来发展需要,目前尚在开发和试验的新技术有:第二代生物乙醇、燃料电池、新型太阳能电池、海浪发电等。英国积极推广热电联产技术的应用，支持将分布式发电作为可持续能源供应的核心组成部分，并促进配电网络的发展以适应分布式发电的增长。

美国在政策引导下大力推动生物质能利用技术研发与推广，目前技术水平处于世界领先地位。现代生物质能利用的典型方式包括燃料乙醇、生物柴油、生物质发电等。1970 年，美国出台的《清洁空气法》是第一部促进生物质能源发展的法案，为燃料乙醇的应用与发展提供了法律依据。此后，陆续发布了《生物质技术路线图》《生物质多年项目计划》《美国优先能源计划》等众多相关政策，缓解了生物质利用技术发展初期成本、效率上的劣势，极大促进了生物质利用技术的进步与推广。2020年，美国燃料乙醇年产量为 139 亿加仑，占世界总产量的 53.44%；生物柴油日均生产量达到 11.8 万桶，消费量达到 12.2 万桶。此外，生物质发电已成为美国配电系统的重要组成部分，生物质发电技术处于世界领先水平。

2. 发展能源互联网技术

能源互联网目前处于发展初期，各方概念、功能彼此不断吸收融合，技术研发加快推进。德国侧重于能源系统和通信信息系统间的集成，其中 E-Energy 是一个标志性项目。该项目在 2008 年选择了 6 个试点地区，进行为期 4 年的 E-Energy 技术创新促进计划，总投资约 1.4 亿欧元，包括智能发电、智能电网、智能消费和智能储能 4 个方面，旨在使用 ICT 技术实现能源供应系统的优化，以最先进的调控手段来应付日益增多的分布式电源与各种复杂的用户终端负荷。与德国相比，英国和丹麦更注重能源系统间能量流的集成。例如，英国 HDPS 项目关注大量可再生能源与电力网间的协同，HDEF 项目关注智能电网框架下集中式和分布式能源系统的协同等。美国 FREEDM 项目主要进行了微电网中即插即用和独立智能运行的探索。日本 Digital Grid 项目重视能量包传输技术，目前建设了家庭级示范工程，进行初步探索。

（四）体制机制方面

在能源体制机制方面，国外城市能源转型的综合规划、运行与管理主要以政府引导、公众参与、市场主导等利益相关方系统合作的模式开展，政府主要在具有明显外部性的空间规划、环保标准等方面发挥引导作用，以及创新公众参与推动能源转型的商业模式，通过市场运营的方式，解决基础设施建设资金投入等问题，促进多方受惠。

1. 重视顶层设计与统筹规划

从总体上来看，斯德哥尔摩智慧能源系统建设突出强调生态环保、节能减排、可持续发展的理念，这与其可持续发展的智慧城市核心战略一脉相承。当下，德国各城市中，以弗莱堡、海德堡、柏林、法兰克福、纽伦堡等为代表的生态城市已成为世界绿色城市的代表。在德国，智慧城市建设与生态城市建设相融合，生态城市着重以可再生能源利用、能源效率提升为战略，基于能源互联网技术强调能源综合解决方案。同时，十分重视城市公共信息基础设施建设，以充分利用城市能源系统运行中产生的各类数据、信息、资源等。

2. 加强法律、政策引导与经济激励

美国为了实现能源独立，制定了很多成效显著的能源法律和政策。其经验证明，在法律上明确分布式能源的地位，并给予确定的激励信号，是分布式能源发展的保障。1978年美国发布《公共事业监管政策法案》，允许分布式发电加入电力市场竞争，分布式发电用户可以将多余的电量卖给当地的电力公司，进入公共市场。通过设立公共收益基金、可再生能源发电配额等策略，创造市场需求，给市场公开的承诺，以此给投资者信心。同时，制定激励政策，主要是财政激励，包括财政补贴、税收减免、低息贷款以及其他一些短期的货币类补贴项目等，降低分布式发电成本，提高效益。对于利用化石燃料的分布式能源，通常采用"固定上网电价机制"或"平均上网电价机制"，并通过制定较低的上网电价，来引导分布式能源的综合利用，以达到提高能源利用率的目的。补贴资金来源问题，根据美国和西欧的经验，一个是通过系统效益收费来筹措；另一个是征收化石燃料税。德国确立了有保障的长期固定电价机制，并明确规定本地电网运营商对可再生能源发电的购买义务，确保其优先入网；通过税收补贴平衡电网运营商支付的费用。

3. 创新参与模式，促进多方受惠

能源供给、运营、参与模式的创新，是推动能源供给侧和消费侧革命的有效抓手，是能源转型多方受惠的动力源。美国和欧盟国家不断推动能源供给转型，推崇多能互补，保障能源安全。在供给侧，美国私营企业占固废垃圾处理70%的市场份额。在消费侧，美国很多州采用"电力互换"办法，在农户家里安装风电或太阳能装备，农户既是电力消费者又是电力生产者，在电力富余时将电"反哺"给电网，成为美国电力工业发展中的重要补充力量。德国可再生能源电力的发展方向和思路值得肯定，其成功经验在于政府的大力支持、民众的理解与参与、立法的保障、资金的扶持以及产业的驱动。德国多项民意调查研究发现，民众对可再生能源电力的支持度超过90%，这也体现了民众对绿色生态文化的追求。德国在较短时间内促进了可再生能源的发展，向电网出售电力的个体人数占比达到2%，这不仅解决了家庭自用电，对民众来说也是一项重要的收入来源。德国近年光伏发电获得了空前的发展，居民家庭从政府的措施中得到了实惠，田间、屋顶、空旷地带等充分利用光伏发电，除了满足自己的用电需求，也带来不菲的收入。德国可再生能源的发展，基本是由个体在政府政策引导下自发发展起来的。能源产业所需投资巨大，由于有了民众的支持，政府只需有限出资，就能带动大量资本投入。

综上所述，从国际不同城市能源转型分析来看，各个城市均结合自身发展特点，努力探寻一条有自身特色的能源低碳转型发展道路。从操作层面讲，一是尽量增加城市可再生能源供给；二是以最经济有效的方式,提高能源系统的效率,从而减轻环境与其他系统的压力;三是对关键的技术、模式进行整合,以实现能源系统的"可持续"和"智能化",采纳能够减少能源需求、提高能效的机制或解决方案。

■■■▶ 二、相关启示

鉴于国内资源禀赋、用能发展特点及"双碳"发展目标,我国城市能源清洁化、低碳化、高效化转型应以深度电气化为主导,提高电热协同水平。受资源禀赋影响,我国能源消费以煤炭为主,污染重、碳排放强度较高,加快能源结构转型是落实"碳达峰、碳中和"目标的必经之路。同时,我国油气对外依存度持续提升,2020 年石油和天然气的进口依存度已经上升到 73% 和 43%。未来,从供给侧来看,近期仍将持续建设清洁、低碳、高效的煤电供应体系,发挥煤电基础保障型作用,逐步提高外来电中非化石能源占比。从消费侧来看,持续提升工业、建筑、交通等终端电气化水平,同时依托电制热、电制氢等推动新能源的多元化利用,以间接电气化替代电力难以或不宜直接替代的行业。

相比国外城市,我国对城市内部垃圾废弃物处理与能源供应缺少统筹考虑,未来需要协同考虑城市能源与城市环境治理。例如,瑞典哈马碧湖城开发了将能源、雨水、污水、垃圾等进行生态循环利用的系统,该系统同时与建筑、景观、基础设施系统进行统筹规划。在内,是废水、垃圾等向能源的转化;在外,是打造一套集约的能源使用系统,如以更环保的恒温系统和更环保的交通方式,实现了能源循环利用的高效性,降低了资源与能源消耗,对于能源的节约与利用起到了很好的示范作用。

在能源消费侧,国内城市在规范性节能、服务型节能以及鼓励型节能方面还有较大的提升空间。2020 年,我国单位 GDP 能耗为 0.328 千克标准煤/美元,是世界平均水平的 1.5 倍、发达国家的 3 倍。以建筑用能为例,未来城市应以建筑本体和建筑用能系统为抓手,挖掘各类建筑节能潜力。针对北方城镇采暖,开展建筑节能改造,降低采暖需热量,缓解清洁供暖压力，实现"清洁供、节约用"；切实落实供热管网智能调控改造，消除过热现象，提高科学用能水平。推广应用绿色建筑材料，推广超低能耗建筑，健全建筑节能标准体系。推广智能楼宇、智能家居、智能家电，加速提高建筑领域电气化水平。开展公共建筑和学校、医院等公益性建筑以及老旧小区节能改造，利用智慧能源管理系统开展建筑节能监测。

国内城市智慧能源系统的建设还处于探索阶段，城市能源技术的选择更加突出考虑单个技术本身的先进性。未来需要注重城市能源整体解决方案的集成，以经济和能源的高效利用为目标，提出协同技术选择方案；以充分挖潜电、气、热系统的灵活性资源、大规模需求侧响应资源，及工业建筑交通节能为抓手，推动各能源品种间、相关涉能基础设施间互通互济、多能互补、源网荷储协调互动。

国内城市能源发展此前普遍对碳排放的关注不足，较少将碳减排作为城市发展硬约束，难以依托碳减排培育绿色发展新动能。不同于环境污染，碳排放带来的温室效应是全局性与长期性的，城市居民对于碳排放影响的感受并不真切。另外，碳排放治理难度更大、成本更高、系统性更强，我国城市通常将碳减排作为生态文明建设的产出，而非城市发展硬约束。同时，受经济转型阵痛等约束，依托绿色低碳发展推动产业结构升级、培育新动能的决心不足。未来，城市绿色低碳发展将成为经济社会转型、为实体经济的高质量发展注入新动能的关键，对于培育自身高端产业、打造绿色低碳产业新高地意义重大。

第二章 北京能源转型历史进程 及"十四五"能源发展重点

第一节 北京城市规划发展历程

城市规划在城市发展中起着重要引领作用，是确定城市战略定位，指导城市经济、能源等各方面建设和发展的根本遵循。历版北京城市总体规划均在国家和首都发展的关键阶段发挥了重要作用。自 20 世纪 90 年代以来，在适应国家发展的时代大背景下，北京城市总体规划经历了三次修编，分别于 1994 年、2005 年和 2017 年正式发布，具体如图 2－1 所示。根据北京城市规划的总体统筹，北京的城市战略定位不断发生深化与调整，从聚集资源求增长转向疏解功能谋发展，从工业文明时代迈入生态文明时代。深刻把握北京城市规划的内涵与目标，是分析北京能源发展相关问题的基础。

为适应加快改革开放步伐、促进经济发展的时代发展新形势，北京城市总体规划（1991～2010 年）首次提出"现代国际城市"的战略定位。改革开放以来，北京的经济、社会发展和城市建设取得了重大成就，进入 20 世纪 90 年代以来，为更好地服务国家经济建设大局和进一步扩大改革开放，此版北京总体规划首次提出"现代国际城市"战略定位，明确了"建立以高新技术为先导，第三产业发达，产业结构合理，高效益、高素质的适合首都特点的经济"。在优化城市布局方面，提出扩大城市发展空间，重点实施"两个战略转移"方针，把城市发展重点从市区

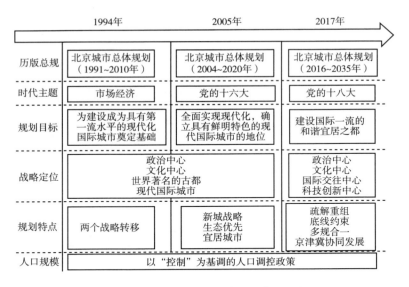

图 2 - 1 北京市城市总体规划发展历程

转移到郊区，把市区建设从外延扩展转移到调整改造。

为实现首都经济社会的持续快速发展，解决城市发展中面临的诸多矛盾，北京城市总体规划（2004～2020 年）首次提出"宜居城市"概念。1994 年版总体规划实施以来，北京城市建设得到快速发展，大部分规划目标提前实现。城市的加速发展，促使城市建设中若干矛盾加剧。为掌握城市建设合适的"度"，引导城市持续健康有序发展，此版北京总体规划优先关注生态环境的建设与保护，以及资源的节约与有效利用，首次提出建设空气清新、环境优美、生态良好的宜居城市。城市空间调整方面，重点提出"新城战略"，改变单中心的空间格局，加强外围新城建设。

着眼于新的历史时期首都发展新要求，北京城市总体规划（2016～2035 年）以疏解北京非首都功能为重点，进一步强化"四个中心"的战略定位，提出建设国际一流的和谐宜居之都目标。党的十八大以来，结合新时代发展要求，紧紧围绕习近平总书记视察北京时提出的"建设一个什么样的首都，怎样建设首都"的重大问题，最新版北京总体规划不断深化从国家战略角度对首都功能定位的认识，强化首都职能，紧抓疏解北京非首都功能的“牛鼻子”，是北京首次从“增量”规划向“减量”规划的改革，探索人口经济密集地区的优化开发模式。

最新版北京总体规划在规划理念和重点方面均有新突破，是当前及未来一段时期北京城市各方面发展的根本遵循，具体突出强调了以下几个方面，将对北京的能源发展提出新的要求。

一是深入推进京津冀协同发展，着眼更广阔的空间谋划北京发展。打破行政辖区限制，着眼于区域尺度，从三个空间圈层优化城市功能布局，围绕首都形成核心区功能优化、辐射区协同发展、梯度层次合理的城市群体系。

二是突出底线控制，强调资源环境承载力硬约束下的减量发展。以资源环境承载力为上限，设立人口总量上限、生态控制线和城市开发边界“三条红线”。根据全市可供水资源量和人均水资源量确定人口总量上限，到 2020 年和 2035 年将人口总量控制在 2300 万人以内；划定生态控制线，保障生态空间只增不减、土地开发强度只降不升；逐步压减城乡建设用地规模，实现减量规划和减量发展。

三是科学配置资源要素，构建高精尖经济结构。大力疏解不符合城市战略定位的产业，疏解退出一般性产业；依托功能区优化提升现代服务业，推动传统产业转型升级；高水平建设“三城一区”，优化科技创新布局，吸引和配置高精尖产业项目，打造北京经济发展新高地。

四是坚持问题导向，全面提高城市治理水平，构建超大城市治理体系。以解决“人口过多、交通拥堵、大气污染”等“大城市病”为突破口，以改革发展为手段，标本兼治，综合施策，让城市更宜居，形成具有首都特点、与国际一流的和谐宜居之都相适应的现代化超大城市治理体系。

五是健全城市应急管理体系，增强城市韧性。以增强城市防灾减灾能力为出发点，提出要提高城市韧性。随着城市面临的不确定风险增加，城市韧性将发挥越来越重要的作用。以 2020 年的新冠肺炎疫情为鉴，北京已提出要补足城市规划短板，健全完善城市防灾减灾体系，特别是公共卫生应急管理体系，提高城市应急管理能力和水平，建设韧性城市。

第二节　北京能源转型历史进程

■■■▶ 一、能源转型历程

　　在北京城市规划的宏观调控下，北京的能源转型一直走在全国前列。
2019年北京优质能源消费比重超过98%，稳居全国各大城市首位，达到
国际发达城市水平。基于能流图的分析显示，自20世纪90年代以来，北
京经历了以"脱煤、提气、增电"为主要特征的能源转型过程，供给侧
和消费侧的能源规模及结构都发生了重大变化，呈现出明显的脱煤趋势
（见图2-2、图2-3）。

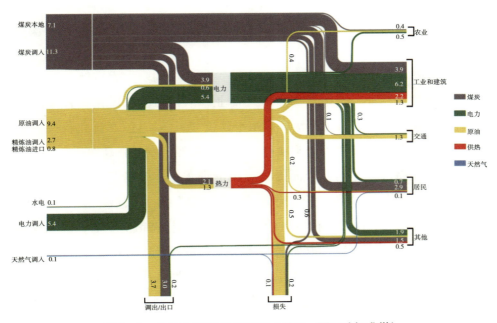

图2-2　北京市1995年能流图（单位：百万吨标准煤）

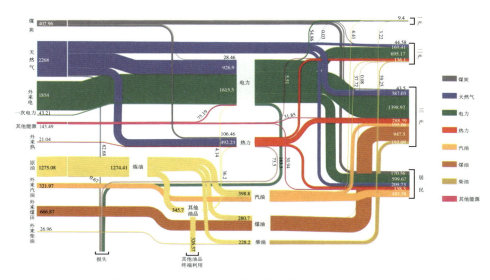

图 2 - 3　北京市 2017 年能流图（单位：万吨标准煤）

从能源供给侧看，1995～2019 年，北京能源供应总量从 3533 万吨标准煤增加至 7360 万吨标准煤，增长了 1 倍，其中电力[①]和天然气供应量迅速增加，是能源供应增量的主体。电力供应量从 131.9 亿千瓦时增加至 723.4 亿千瓦时，在能源供应中的占比从 12% 提高到 26%；天然气供应量从 1.2 亿立方米增加到 186.4 亿立方米（其中发电用气占比为 37%），在能源供应中的占比从 0.5% 提高到 34%；煤炭供应从增长放缓直至逐渐减少，从 1995 年的 1840 万吨标准煤下降到了 2019 年的 133 万吨标准煤，在能源供应中的占比从 62% 下降至 1.8%。

从能源消费侧看，1995～2019 年，北京终端能源消费总量[②]从 2763 万吨标准煤增加至 5445 万吨标准煤，电力和天然气占终端能源消费比重分别从 10.6% 和 0.5% 提高至 24.8%[③]和 4.9%，煤炭占终端能源消费比重从 37.1% 下降至 1.2%。分部门来看，各部门的直接煤炭消费份额逐渐

---

① 包括本地水电等一次电力及外来电。
② 此处终端能源消费总量按电热当量法计算。
③ 此处电力占终端能源消费比重按电热当量法计算，本书下同。

下降，电力终端消费量和消费占比均显著提升，如工业煤炭消费量下降
90%，电力消费量增加 30 倍；第三产业煤炭消费量下降 73%，电力消费
量增加 7 倍；居民消费煤炭消费量下降 55%，电力消费量增加 9 倍。

　　具体来看，根据能源消费增速及消费结构变化的不同，1995 年以来
北京的能源转型可大致分为四个阶段，如图 2 - 4 所示。

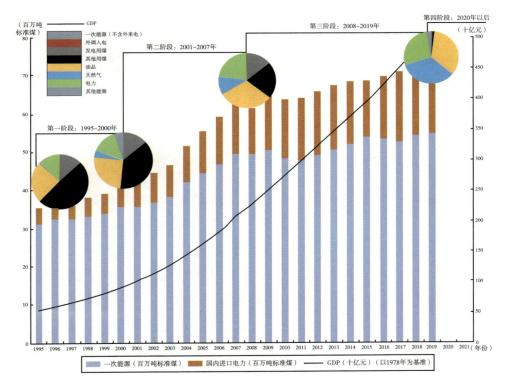

图 2 - 4　1995 年以来北京市能源转型阶段示意

资料来源：历年《北京统计年鉴》。

　　第一阶段（1995 ~ 2000 年）：以煤炭主导的能源消费阶段，脱煤趋
势逐渐显现。GDP 年均增速 10.5%，能源消费总体增长缓慢，年均增速
3.2%。在外来电年均增速 6.7% 的作用下，脱煤趋势开始显现，煤炭在
能源消费中的占比降低 10 个百分点，从 62% 下降至 52%，但依然占据能
源消费的半壁江山。

第二阶段（2001～2007年）：能源消费进入多元化阶段，外来电的快速增加是能源转型的重要推动力。GDP年均增速12.0%，能源消费增速大幅提升，年均增速达到6.1%，有力支撑了经济的快速发展。外来电保持快速发展，年均增速达到12.5%，增量为250亿千瓦时，在能源消费增量中的占比达到35%。煤炭消费继续大幅降低，在能源消费中的占比降低17个百分点，从52%下降至35%，能源消费总体呈现出煤炭、油品和电力等其他能源三分天下的格局。

第三阶段（2008～2019年）：能源发展进入提质增效阶段，经济增长与能源消费基本脱钩，脱煤取得显著成效。此阶段经济增长有所放缓，但仍维持年均7.7%的较快增速，而能源消费年均增速仅为2.2%，2019年增速已进入1%左右的低位运行区间。从能源消费结构看，伴随着四大燃煤热电厂全面改造，建设四大燃气热电中心，北京热电系统实现全面转型，基本实现了脱煤目标，平原地区基本实现"无煤化"，煤炭消费占比降至1.8%，率先基本解决了燃煤污染问题。天然气在此期间得到大力发展，在能源消费中的占比增加23个百分点，从11%上升至34%，主要替代了减掉的煤炭消费，取代煤炭成为除油品以外的第二大能源消耗。

第四阶段（2020年以后）：能源转型进入"双碳"发展新阶段。在巩固此前阶段燃煤压减和清洁高效转型成效基础上，随着国家"双碳"战略目标的提出和持续推进，能源转型开始进入"减油、稳气、绿电"的低碳发展新阶段，进一步加快推进电气化进程，推动可再生能源规模化利用，逐步提高新能源和可再生能源使用比重。

由北京城市发展趋势分析，可见北京城市定位变化和环境问题倒逼，是北京能源转型的主要驱动因素。20世纪80年代以来，北京逐步调整产业结构，明确第三产业为主导产业。1994年提出"现代国际城市"定位后，90年代北京城市进入高速发展时期，90年代后期实现了产业结构由第三产业代替第二产业成为主导的转变，"三二一"的产业结构基本确立。在工业等第二产业去产能的影响下，煤炭消费占比也出现了下降趋势。与此同时，煤炭燃烧产生的环境问题开始倒逼能源结构调整。2001

年《北京市能源结构调整规划》出台，明确"以煤为主的能源结构，是造成大气严重污染的根源之一"。2004 年提出"宜居城市"的定位，并将大气污染治理列入规划。2006 年起，炼焦、发电及终端用煤逐步削减，煤炭消费总量首次出现下降，尤其是 2008 年因奥运会的举行煤炭消费量急剧下滑，此后第三产业代替第二产业成为能源消费的主导。2020 年 9 月，习近平总书记在第 75 届联合国大会一般性辩论上郑重承诺：中国将提高国家自主贡献力度，采取更加有力的政策和措施，二氧化碳排放力争于 2030 年前达到峰值，努力争取 2060 年前实现"碳中和"。2021 年 1 月，北京市政府即在《北京市国民经济和社会发展第十四个五年规划和二〇三五年远景目标纲要》中，对落实国家"双碳"战略做出总体部署，为下一步北京市能源低碳转型提供了指引。

▪▪▪▶ 二、电气化在北京能源转型中的作用

从能源供应来看，北京地区除了少量煤炭资源以外，油气资源全部依赖外来输入，还需大量电力支撑。由于城市空气污染问题，煤炭逐渐退出北京能源供应，并于 2020 年关闭最后一座煤矿，彻底告别近千年采煤史。天然气是替代煤炭的能源之一，但我国目前天然气对外依存度已高达 43%，气源供应保障能力受限。例如，华北地区冬季存在天然气供应紧张问题，要优先保障居民炊事以及供热不足热网末端的供热调峰，天然气利用需统筹考虑资源安全等因素。因此，需要充分挖掘本地的可再生能源以及依靠大量的区外来电，保障能源的有效供给。

从终端用能形式来看，北京产业结构以第三产业为主，大力发展以高新技术为先导的现代服务业是北京产业发展方向，北京的交通、居民、产业以及供热用能呈现高度电气化特征，电能占终端能源消费比重将逐渐上升。随着城市经济的高质量发展，工业发展将呈现出价值高端化、体量轻型化、生产清洁化的特征，信息技术、金融服务等产业对供电强度和质量提出更高要求；电气化的轨道交通和公共交通、电动汽车将逐

渐实现全覆盖；居民的低碳生活方式也会带来用电比例大幅提升。

从北京能源转型历史进程看，电力在城市能源转型过程中发挥了重要的保障作用。加大引入外来电力是北京市削减燃煤后满足本地能源供应的重要手段。过去一段时期，北京本地煤炭削减和外来电力增加呈"此消彼长"态势，北京越来越依托外来电力替代本地燃煤，满足其转型升级的发展需求。1995～2019年，北京市煤炭消费量减少1707万吨标准煤，同期外来电增加584亿千瓦时，折合标准煤1543万吨。2019年电力占北京能源供应量的比重达26%，占终端能源消费比重达25%，新增外来电力有效满足了本地能源供应缺口。

第三节　北京能源发展概况

━━▶　一、能源生产

北京是典型的资源输入型城市，90%以上的能源供应来自外来能源。北京本地一次能源生产主要来自煤炭、本地一次电力（包括水电、风电和太阳能发电）和其他能源①，产量在能源供应总量中的比重近十年来在10%以下水平波动，近两年来上升趋势明显，2019年占比达到9.4%，生产总量达到691万吨标准煤，同比增加13.0%，主要得益于本地可再生能源的大力开发。随着本地煤矿的陆续关停，煤炭产量近几年急剧下滑，2019年产量为36.1万吨，同比下降79.5%。北京近年来一次能源生产量及其在供应总量中的占比如图2－5所示。

━━▶　二、能源消费

能源消费总量保持低速增长，实现了以较低的能源消费增速支撑经

---

① 包括沼气利用、地源热泵、太阳能热水等。

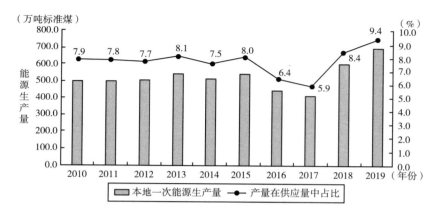

图 2-5　2010～2019 年一次能源产量及其占供应总量比重

资料来源：《北京统计年鉴 2021》。

济的中高速发展。产业结构的调整、发展方式的转变，促使北京经济社会发展对能源的依赖程度逐步减弱。2010～2019 年北京能源消费平均增速为 1.6%，仅为同时期全国能源消费平均增速的一半，支撑了 7.2% 的经济年均增长，年均能源消费弹性系数从 2001～2010 年的 0.44 降至 0.24。北京近年来能源消费总量与增速如图 2-6 所示。

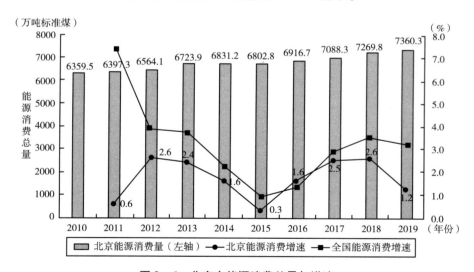

图 2-6　北京市能源消费总量与增速

资料来源：《北京统计年鉴 2021》《中国能源统计年鉴 2020》。

━━━➡ 三、能 源 结 构

能源消费结构优化调整成效显著,2019 年煤炭消费占比降至 1.8%,天然气、电力等清洁优质能源占比达到 60.5%。2010~2019 年,北京累计压减燃煤消耗 2445 万吨,煤炭消费比重由 2010 年的 29.6% 下降至 1.8%;天然气消费量新增 87 亿立方米,消费比重由 2010 年的 14.6% 增加至 34.0%;外来电量新增 108 亿千瓦时。受本地煤改电及近年出现的气源紧张等因素综合影响,近两年外调电量增长态势明显,外来电量在能源消费总量中的占比增加至 26.0%。北京近年来能源消费结构变化趋势如图 2-7 所示。

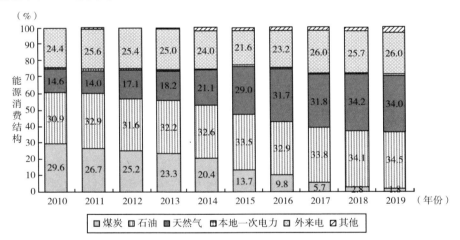

图 2-7 2010~2019 年北京市能源消费结构

资料来源:《北京统计年鉴 2021》。

电力装机结构已基本实现完全清洁发电,近两年新增装机主要以可再生能源发电为主。北京是全国首个告别煤电的城市,目前合计 77 万千瓦的四台煤电机组基本处于应急冷备用状态。电源装机结构以燃气发电为主,2020 年装机容量约为 1000 万千瓦,占总装机比重为 76.0%,目前增长已经趋于饱和。在金太阳、阳光校园等示范工程以及分布式光伏奖励等鼓励政策的驱动下，太阳能发电装机"十三五"时期年均增速达到50.6%，2020年装机规模达到62万千瓦；2020年风电装机规模达到19万千瓦，风电、太阳能发电等新能源发电装机占比从2011年的1.7%增加至6.2%。北京近年来电源装机结构如图2-8所示。

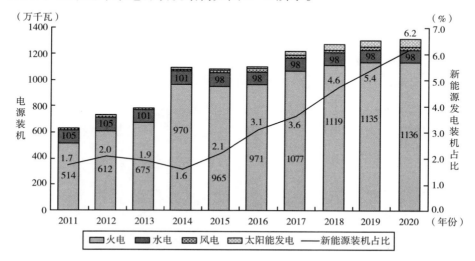

图 2-8 2011～2020年北京市电源装机结构

资料来源：历年全国电力工业统计快报。

四、能源效率

单位GDP能耗逐年下降，能源利用效率不断提升且领跑全国。能源消费强度持续下降，万元GDP能耗和电耗均保持不断下降趋势。2020年万元GDP能耗（按2010年可比价格计算）为0.252吨标准煤，同比下降9.1%，为全国最优水平。"十三五"期间万元GDP能耗累计下降25.0%，超过节能目标8个百分点。北京近年来万元GDP能耗变化趋势如图2-9所示。

五、能源技术

能源技术创新资源优势及产业优势突出，能源技术创新成为北京高质量发展的重要驱动力。2017年2月，习近平总书记在北京城市规划建

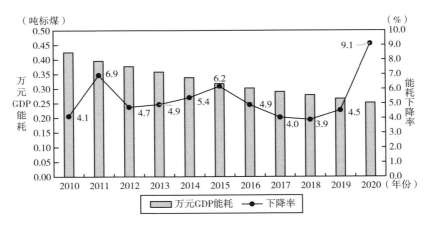

图 2 - 9　北京市万元 GDP 能耗及其下降率

注：万元地区生产总值能耗按 2010 年可比价格计算，无特殊说明情况下，本书下同。

资料来源：《北京统计年鉴（2021）》。

设和北京冬奥会筹办工作座谈会上发表的重要讲话指出，北京的发展要着眼于可持续，发挥科技和人才优势，努力打造发展新高地。① 从能源领域来看，北京市能源类高等院校及科研院所集聚，能源领域高层次人才汇集，具备雄厚的高端技术资源和尖端人才资本的领先优势，有力支撑了煤炭清洁转化利用、火电节能减排、特高压输变电、智能配用电、新型储能等绿色低碳核心技术的研发与应用推广。同时，能源领域央企总部及子公司众多，能源技术创新基础及产业优势突出，能源技术创新体系及创新生态系统比较完善，能源产业的竞争力与辐射力强劲。目前，以能源技术创新为依托、产学研用协同为路径，培育了亿华通、英维克、百利时等具有自主知识产权的能源领域民营高科技企业，引领氢燃料电池汽车等绿色低碳产业加速发展，推动北京产业结构持续优化，能源科技进步对经济社会发展的贡献程度逐年提高。

---

① 《习近平：立足提高治理能力抓好城市规划建设　着眼精彩非凡卓越筹办好北京冬奥会》，载于"中国共产党新闻网"，2017 年 2 月 25 日。

第四节 北京"十四五"能源发展
面临的形势与发展重点

一、面临的形势与挑战

当前，国际政治经济格局正发生深刻变化，能源发展面临的外部环境存在较大的不确定性。加之新冠肺炎疫情导致外部环境更趋复杂，对北京自身经济社会发展带来新的挑战。面对建设国际一流的和谐宜居之都的战略定位要求，能源作为北京城市经济社会发展的重要支撑和引擎，转型之路远未结束，将进入新的发展阶段，面临新的形势和挑战。

一是能源保障要求更加安全可靠。随着北京首都核心功能的不断强化，"四个服务"的保障要求越来越高，能源保障须做到"万无一失"。北京本地能源资源储存量和开发量均较少，大量依赖外来能源，当前来看，电网和外受电通道能力仍然不足，天然气通道及调峰设施建设相对滞后，中心大网调峰热源及管网尚需优化，能源基础设施安全保障能力尚有待提升。与此同时，能源供需的季节性与结构性矛盾突出，重点时段、重大活动能源保障需求突出，能源安全保障的重点将从"保总量"向"保总量与保高峰"并重转变，对城市能源系统调峰能力及应急保障提出更大挑战。

二是能源绿色低碳转型步伐要求进一步加速。不断提高首都能源清洁利用水平是根本改善北京城市空气质量、建设宜居城市和美丽北京的必然要求。与此同时，为落实北京市就贯彻国家"双碳"战略做出的总体部署，"十四五"时期要求进一步加大能源清洁低碳转型力度，持续推动能源生产和消费方式由高污染、高碳转变为低污染、低碳模式。

三是能源利用方式要求更加智能高效。随着北京构建高精尖经济结构的转型升级，加速推进新型基础设施建设，以及疫情之下活跃的在线经济不断解锁全新的生产生活方式，互联网等现代信息技术正加速渗透至城市各行各业，新业态、新模式、新经济将迅速兴起。这一切都迫切要求能源技术加速迭代与突破，充分发挥首都科技创新中心优势，以更为智能高效的利用方式支撑和融合新业态的发展，为城市经济发展注入新动能。

四是能源运行管理和服务要求更加精细便捷。提升城市治理水平，要求加快提升能源运行管理信息化、精细化、智能化水平，更好地满足多元化、个性化的能源服务需求。作为城市治理体系的重要组成部分，能源运行管理需要充分运用大数据、物联网、云计算等现代信息技术，强化能源运行综合协调，完善热点联调联供，健全能源安全预警及应急响应机制。

五是能源发展要求在更大空间实现区域统筹。随着京津冀协同发展战略的深入实施，须加快要素市场一体化进程，能源资源要求在更大的空间范围内实现优化配置。需要大力推进能源市场机制改革，从能源系统顶层设计上打破地域限制，系统谋划、统筹推动能源基础设施布局和跨区域的能源合作，构建京津冀一体化的能源体系，实现区域间的优势互补。

┅┅➡ 二、"十四五"能源发展重点

"十四五"时期是北京推进落实首都功能新定位、融入京津冀协同发展、加快建设国际一流和谐宜居之都的关键时期。面对北京城市发展新定位和能源发展新形势，"十四五"时期北京能源发展建设任务仍然十分艰巨繁重，要努力在提升和转型发展上下更大功夫，加快构建清洁、低碳、安全、高效、智慧的现代城市能源体系。

一是全面增强区域能源互济和应急保障。以建设国际一流和谐宜居之都的城市能源体系为目标，以更高标准规划能源设施，在京津冀能源

协同发展框架下，构建多元化能源供应体系，充分发挥传统能源与可再生能源间的多能互补优势，努力构建多元多向、互联互通、坚强可靠的一体化区域能源保障体系，确保城市能源供应安全可靠；建立健全城市能源储备体系和能源应急保障设施建设，合理布局应急储备点位，增强应对突发情况的韧性；加强能源应急管理，建立多级主体协同、分区域责任划分、分级优先保供机制，显著提升能源供应和应急保障能力。

二是加大力度发展新能源和可再生能源。以更大力度发展可再生能源，着力提升由周边地区受入绿电比重及本地可再生能源开发利用规模。以氢能为载体实现可再生能源的多元化利用，稳步推动氢能基础设施建设，着力开展氢能在交通、工业等高耗能、高碳排放领域的示范应用，推进重点行业和重要领域绿色化改造，实现终端产业的深度脱碳。力争到2025年，新能源和可再生能源占能源消费总量的比重达到14%以上。

三是深入推进节能降耗和能源消费总量控制。加快转变能源发展方式，积极推动能源消费革命，在能源运输、储存和消费等环节全面落实节约，严格控制能源消费总量和消费强度，以最低的能源消耗支撑经济社会建设发展。重点推进建筑和交通领域节能降耗，建筑节能方面积极推进超低能耗建筑，交通节能方面加快促进交通运输低碳发展，推广应用新能源和清洁能源汽车。

四是加快推进能源、信息新技术与能源系统的深度融合。紧抓世界能源技术发展变革的有利机会，推进城市能源互联网建设，加强新型电力系统的顶层设计、统筹规划，加强能源科技创新，整合各类能源信息平台资源，逐步实现源网荷储协调互动以及电力、燃气、热力系统之间的互补互济，把北京能源系统打造成国际一流的智慧能源系统。

五是有效提升城市能源管理和服务水平。充分运用大数据、云计算、区块链、人工智能等前沿技术，推动城市能源管理理念、管理模式、管理手段创新；建立健全能源数据有序开放共享机制，打破各级政府部门和企业能源信息资源壁垒，建设首都能源大数据中心和智慧能源平台，打造"城市能源大脑"，为城乡居民提供更多更好更便捷的能源产品和服务。

六是加快推进能源市场化改革。完善各类能源市场架构，逐步理顺能源价格形成机制。培育多元市场竞争主体，破除体制机制障碍，完善鼓励政策，推动能源投资主体多元化。完善能源产学研用金深度融合机制，推动资本、技术等资源优势融合。加强监管能力建设，开展风险防控。

第三章 一体化城市能源规划决策支持系统

第一节 总体框架

随着我国城市经济向高质量发展转型和城市环境向绿色生态转型，城市能源的合理规划与优化配置是解决城市快速扩张与能源短缺之间的矛盾，以及协调城市化进程与能源资源合理利用和实现城市"碳达峰、碳中和"的关键。一方面，城市能源发展与城市经济、产业、环境等发展关系日益密切，城市能源规划不能仅停留在行业规划层面，需综合考虑城市经济、城市发展等宏观因素的影响；另一方面，随着能源互联网技术的快速发展，以园区综合能源系统为代表的用户侧新型用能形态逐渐兴起，如何规划设计用户侧综合能源系统也将成为城市能源系统规划需要重点考虑的问题。与此同时，城市作为能源生产和消费革命的主要阵地，对城市能源系统功能作用的定位认识也日趋多元化，如何构建符合城市发展定位和能源革命趋势的城市能源转型发展评价体系，是指导城市能源规划和发展的关键。基于此，本章依托国网能源研究院有限公司自主开发的能源电力规划实验室平台，构建了一体化城市能源规划决策支持系统（UEPDS），分层解决"碳中和"愿景下宏观层面的城市能源和微观层面的园区级综合能源系统的规划问题，以及实现城市能源转型远景的综合评价，旨在为"碳中和"愿景下的城市规划和发展提供一整套系统化的城市能源问题分析方法与工具。

┅┅➡ 一、能源电力规划实验室简介

能源电力规划实验室为国家电网公司级实验室，由国网能源研究院有限公司能源战略与规划研究所开发，该实验室形成了包含能源（energy）、电力（electric）、环境（environment）和数字化（digitalization）四大模块的能源电力规划及决策分析平台，打造了以 3 套自主研发软件、1 个能源电力政策模拟分析平台、1 套能源及电力系统系列模型工具和 2 套国外引进先进软件为主体的"3112"软件配置支撑体系（见图 3－1）。实验室研究范围涵盖大型能源基地开发及外送、清洁能源大规模开发和高效利用、综合能源运输体系构建等专项研究分析，以及能源电力发展战略及政策评估等，形成了拥有完全自主知识产权、具备世界一流水准的能源电力发展重大问题研究和决策支撑平台，其中自主开发的全景电力系统运行模拟分析平台 NEOS 已纳入国家电网公司新能源云平台，支撑完成多项国家电网公司经营区电力电量平衡、分省新能源消纳分析计算工作。

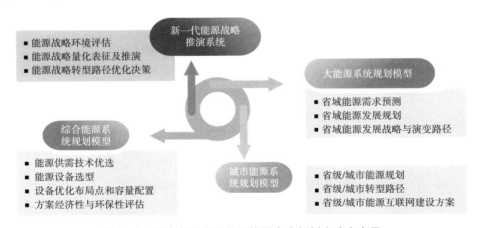

图 3－1　国家电网有限公司能源电力规划实验室布局

┅┅➡ 二、本章模型总体框架

随着能源系统的数字化与智慧化技术的演进升级以及城市功能定位

的日益细化，能源作为支撑城市经济社会发展的动力燃料正逐渐与城市的交通、建筑、工业等产业相互融合促进发展。城市能源支撑城市发展抑或是城市能源推动城市发展的辩证关系，决定了城市能源转型的边界与方向。面向城市高质量发展的未来城市能源规划，不仅需要考虑城市经济发展的约束，还需要考虑能源发展对城市优势产业的促进作用，从传统的为城市快速发展保障能源充分供应的保障供给型，转变为保障高质量供应与高质量推动城市经济、社会、环境、管理、服务等全面升级的驱动发展型。基于此，城市能源规划需要考虑城市发展定位、环境约束、经济高质量发展要求等边界，构建耦合联动的经济—环境—能源相互融合的一体化城市能源规划决策支持系统。

依托能源电力规划实验室平台中的能源模块、电力模块和环境模块，本章构建了以城市能源系统综合规划和评价模型为核心的一体化城市能源规划决策支持系统，总体框架图如图 3-2 所示。规划模块在城市高质量发展框架下优化不同空间维度下的城市能源供需与能源技术方案，包

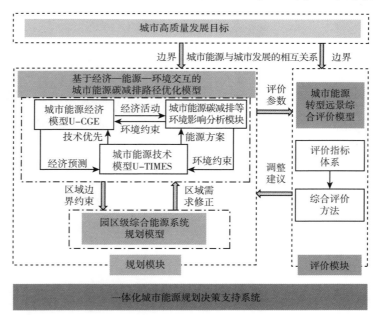

图 3-2　一体化城市能源规划决策支持系统框架

含基于经济—能源—环境交互的城市能源碳减排路径优化模型和园区级综合能源系统规划模型，前者从宏观层面实现城市经济、城市环境与城市能源的耦合优化，解决"碳中和"背景下的城市大能源系统层面的能源供需问题；后者从微观层面实现城市大能源系统与用户侧园区综合能源系统间的反馈，大能源系统规划结果为其提供区域规划的边界约束，园区级综合能源系统规划重点实现"碳中和"背景下的园区能源系统优化配置的具体落地，并对大能源系统规划反馈用能技术选择及用能需求修正。评价模块以城市高质量发展为目标，从规划模块提取评价关键指标，其评价结果进一步反馈到规划模块给予调整建议，解决城市能源系统如何支撑城市高质量发展的评价问题。

第二节　不同空间维度的城市能源系统规划模型

➡ 一、基于经济—能源—环境交互的城市能源碳减排路径优化模型

（一）已有能源模型研究概述

能源模型是当前进行能源系统优化和规划问题分析的主要工具，能源模型描绘的是能源系统的未来，包括国家和地区之间的能源交换。从能源模型建模方法来看，主要有自上而下（top-down）模型、自下而上（bottom-up）模型及混合模型等。

自上而下模型描述整个国家或地区宏观层面的经济情况，对电力部门的技术参数描述较为简单。这类模型通常用来评估能源或气候政策的经济成本和环境影响，以美国太平洋西北实验室 1991 年开发的 SGM 模型为代表。随着一般均衡理论的发展，一大批以 GREEN、EPPA 和

MARKAL-MACRO 等为代表的可计算一般均衡（CGE）模型也得到了快速发展。

自下而上模型则是使用相对细致的技术细节进行未来的能源需求和供应的描述，通常不能考虑能源、气候政策或相关投资等宏观经济的影响。自下而上模型的历史可以追溯到 20 世纪 70 年代，1973 年霍夫曼（Hoffman）开发出 BESOM 模型，自此拉开了自下而上模型发展的序幕。自下而上模型又包括优化模型和模拟模型。优化模型是进行能源系统优化规划的一种数学模型，通过寻求能源系统的最优技术结构，在保证终端用能需求前提下将成本降到最低，从而使价格和需求量保持均衡。代表模型有 MARKAL/TIMES 模型、MESSAGE 模型等。模拟模型是根据对发展历史和现状的回顾与分析，对未来的发展趋势进行一系列假定，并对政策措施、经济状况和技术水平等因素进行有目的性的假设，确立某些未来希望达到的目标，借助模型仿真模拟达到这一目标的可行性，代表模型有 LEAP 模型。

仅从单一的自上而下或自下而上的角度建模的方法，不能进行经济与能源技术的综合分析，只有当模型的结构性较强且设计有外部接口时，才能与外部经济或能源技术模型相结合，进而在能源规划中综合考虑经济和技术因素。因此，既包括自上而下宏观经济模型又包括自下而上能源供应及需求模型的混合能源模型（mixed energy model）得到进一步的研究，代表模型有 HOMER 模型和 RETScreen 模型等。

另外，上述长期能源模型可以模拟一个巨大的空间范围（整个世界被划分成几个区域或国家）和时间范围（通常直到 2050 年，有时到 2100 年），但通常对于电力部门的刻画都较为简单，大多数长期能源模型都是以年为尺度进行能源系统的分析。尽管部分能源模型可以将一年划分为不同的用户自定义的时间尺度，以表示季节、天数等时间尺度，但在细时间尺度下的能源模型中，如何对新能源发电比例日益增高的电力系统特性进行详细刻画，目前的能源模型中尚无较多实际运行经验。

（二）模型构建思路及运行机理

城市能源碳减排路径优化模型的目标是在满足一定经济发展水平下的城市终端能源服务需求的前提下，以城市碳排放政策目标为约束，同时考虑城市能源资源约束、生态环境约束、技术进步及相关政策等因素的影响，研究未来城市能源系统供需平衡情况及能源供应的合理优化方案，以此得到的城市能源低碳规划方案是城市电力、燃气、热力等专项低碳规划之上的综合规划，也是城市能源基础设施规划的基础，将更为突出各能源子系统间的协调配置和优化。

本模型基于系统工程原理，耦合能源经济模型和能源技术模型，建立两类模型的软连接，并集成城市终端能源服务需求预测模块和城市能源碳排放等环境影响分析模块，通过城市经济发展、城市能源系统及城市环境间关键信息的交互，构建基于经济—能源—环境交互的城市能源碳减排路径优化模型，模型总体思路如图3-3所示。

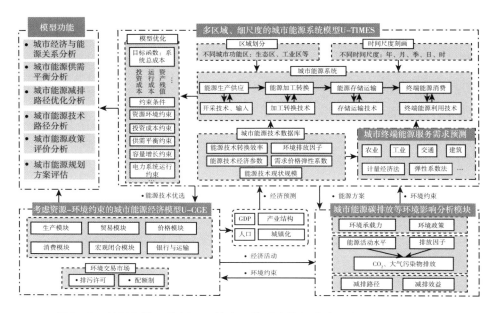

图3-3 基于经济—能源—环境交互的城市能源碳减排路径优化模型思路

考虑资源—环境约束的城市能源经济模型 U-CGE 基于可计算一般均衡理论，在 GAMS 平台自主开发完成，通过将环境因素以及能源资源要素融入生产函数与效用函数，可用于模拟排污权交易、能源消费总量控制等能源发展相关政策对城市经济发展的影响。多区域、细尺度的城市能源技术模型 U-TIMES 依托国外能源模型工具 TIMES，专门针对城市能源系统发展的特殊性构建而成，并集成城市终端能源服务需求预测模块，实现与城市经济系统的交互。模型对城市能源系统进行多区域和细时间尺度的模拟，尤其对含高比例新能源的电力系统的运行特性进行详细刻画，可适应城市多功能区发展及构建新型电力系统发展趋势下的分区域、分时段的能源规划需要。城市能源碳排放等环境影响分析模块为基于 U-CGE 和 U-TIMES 耦合拓展的城市碳排放等环境分析功能模块，为 U-CGE 和 U-TIMES 模型提供城市碳排放目标、环境承载力、生态文明建设目标等约束边界，同时利用城市经济、能源系统模型优化结果，测算城市能源生产和消费产生的二氧化碳、大气污染物等排放量，进一步研究城市减排路径的优选问题。

利用本书构建的基于经济—能源—环境交互的城市能源碳减排路径优化模型可主要实现如下几方面分析功能：一是城市能源与城市经济的相互关系分析。探索能源价格波动、能源政策等与城市经济总量、产业升级之间的相互影响关系，研究城市经济发展不同情景对能源供给的要求。二是能源需求预测及能源供应优化分析。在城市经济发展及环境约束条件下，预测城市能源需求，以及根据能源需求优化城市能源供应和配置格局。三是城市能源减排路径优化分析。从二氧化碳排放等环境层面研究不同能源利用方式对城市碳排放等环境的影响程度，根据两者之间的相互关系研究在不同的碳排放以及生态文明建设政策目标下，城市能源系统的减排路径优选问题。四是城市能源系统技术选择路径分析。重点可分析可再生能源技术、节能减排技术等技术的应用前景及影响。五是城市能源政策评价分析。从政策层面对能源相关政策实施对能源系统产生的影响进行分析，提出未来能源发展的政策建议。六是城市能源规划方案的评估。从能源供应成本、能源供应清洁化程度以及城市能源发展对促进城市经济、带动城镇就业等多维度，定量评估分析不同能源规划方案的综合影响。

该模型体系的一般构建和分析流程为：综合考虑经济社会发展、能源环境政策、能源利用技术等因素，设定不同的能源开发与利用情景，利用模型对不同政策情景下的能源总量、结构等进行系统比较分析研究。具体流程如图 3 − 4 所示。

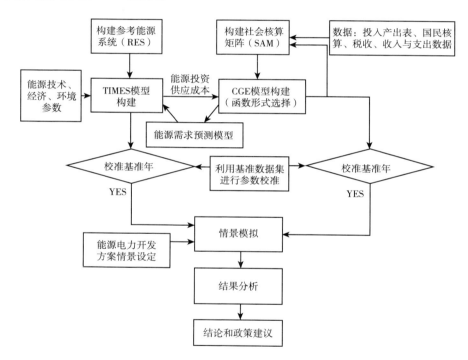

图 3 − 4　基于经济—能源—环境交互的城市能源综合规划模型构建步骤

第一步，调研收集模型优化计算所需的各种能源技术、经济、环境等参数，形成模型数据库。

第二步，编制能源—经济—环境可计算一般均衡模型的基础数据库——社会核算矩阵（SAM），构建城市能源经济模型 U-CGE。

第三步，建立以参考能源系统为基础的城市能源技术模型 U-TIMES，对能源开采、加工转换、运输存储、终端利用等各个环节进行详细刻画，包括各个环节的能流及二氧化碳和各种大气污染物排放等。

第四步，结合宏观经济发展预测，综合运用部门分析、时间序列、弹性系数等多种预测方法，预测城市终端各用能部门的能源服务需求，输入到城市能源技术模型 U-TIMES 中，作为模型的驱动变量。

第五步，通过经济增速等变量，建立 U-CGE 模型与 U-TIMES 模型之间的软连接，并考虑能源、环境政策等影响，形成基于经济—能源—环境交互的城市能源综合规划模型体系。

第六步，调试模型体系，得到城市经济、能源及环境系统的基准情景。

第七步，在基准情景基础上，综合考虑相关政策、技术进步等因素的不确定性，设计不同情景方案进行综合分析比较。

（三）模块 1：多区域、细尺度的城市能源技术模型 U-TIMES

TIMES 模型是由 IEA 的 ETSAP（energy technology systems analysis programme）项目组开发的一个能源系统分析模型平台，旨在为长期能源情景研究提供解决方案，可协助设计成本最低的可持续能源系统发展路径。本研究基于 TIMES 模型平台构建了专门针对城市能源问题研究的多区域、细尺度的城市能源系统模型 U-TIMES。

TIMES 模型的本质是线性规划模型，通过 GAMS 语言处理一系列的线性函数。线性优化问题通常包括决策变量、目标函数和约束条件三部分，本研究构建的 U-TIMES 模型重点在区域划分、时间尺度刻画及电力系统运行特性方面进行了细化，并在终端能源利用环节集成了城市终端能源服务需求预测模块，以下将具体针对上述模型主体部分进行分别介绍。

1. 决策变量

TIMES 模型中刻画了三种实体类型，分别为产品（commodities）、技术（technologies/processes）和产品流（commodity flow），产品定义各种能源载体、能源服务、污染物排放等；技术表示各种产品转换的物理装置；产品流是产品和技术之间的联系，属性和产品一致，针对特定技术而言，表示某种技术生产或消耗的产品量。模型中的主要内生决策变量也针对上述三种实体类型分别设定，此外还包含一些边界约束设定的变量。

VAR_COMPRD（c）：与产品相关的决策变量，表示产品 c 的总产量；

VAR_COMCON（c）：与产品相关的决策变量，表示产品 c 的总消费量；

VAR_COMNET（c）：与产品相关的决策变量，表示产品 c 的净余量，即总产量与总消费量的差值；

VAR_ACT（p）：与技术相关的决策变量，表示技术 p 的活动水平；

VAR_CAP（p）：与技术相关的决策变量，表示技术 p 的总安装容量，为已存在的投资容量与新投资容量之和；

VAR_NCAP（p）：与技术相关的决策变量，表示技术 p 的新投资容量；

VAR_FLO（p,c）：与产品流相关的决策变量，表示技术 p 的相关产品 c 的流量水平，即技术 p 生产或消耗的产品 c 的量；

VAR_SIN（p,c）/*VAR_SOUT*（p,c）：与产品流相关的决策变量，表示产品 c 进入或离开技术 p 的流量；

VAR_IRE（p,c,imp）/*VAR_IRE*（p,c,exp）：与产品流相关的决策变量，表示技术 p 中产品 c 的进口/输入或出口/输出量。

2. 目标函数

TIMES 模型最经常使用的目标函数是 PRICE 函数，表示能源系统在整个规划期内的全部成本的贴现值之和，模型优化的目标是在满足给定需求和约束的条件下使能源系统总成本最低。目标函数如以下公式所示：

$$\text{Min}(OBJ) = \sum_{r=1}^{R} \sum_{y \in \text{YEARS}} (1 + d_{r,y})^{\text{REFYR}-y} \cdot ANNCOST(r,y) \quad (3-1)$$

其中，*OBJ* 为贴现值后的系统总成本，R 为模型设置的区域数，YEARS 为规划周期内年份，$d_{r,y}$ 为折现率，REFYR 为对折现基准年，ANNCOST（*r*, *y*）为对应区域对应年份的总成本，为每年运行成本减去收益（每年运行成本包括投资成本、建设期的沉没材料成本、可变成本、固定的运营和维护费用、监督管理费用、退役成本和税等，收益包括津贴、沉没材料成本回收和残余财产价值等）。

3. 约束方程

约束方程表征的是能源系统中的物理和逻辑关系，是构成能源模型的核心要素。模型主要包括产品平衡方程、能流平衡方程、容量利用方程、容量约束方程及其他自定义约束方程等几种主要类型的约束方程。

产品平衡方程：表示模型中针对某一特定产品，其在给定区域给定时段的生产量加上进口量需与消耗量和出口量保持平衡。

$$\sum_{p \in p(c,out)} VAR\_FLO(p,c) + \sum_{p \in p(c,imp)} VAR\_IRE(p,c,imp) \geq or =$$
$$\sum_{p \in p(c,in)} VAR\_FLO(p,c) + \sum_{p \in p(c,exp)} VAR\_IRE(p,c,exp)$$

$$(3-2)$$

其中，$p(c, out)$、$p(c, in)$、$p(c, imp)$、$p(c, exp)$ 分别表示产品 c 从技术输出、输入、进口和出口的技术集合。

能流平衡方程：表示模型中针对某一特定技术，其输出产品量和输入产品量之间的关系，通常定义为能流转换效率，其等于某一技术所有输出产品总和与输入产品总和的比值。对于单一产品的技术，该效率即为技术的效率；对于多种产品的技术，该效率为同类型输出产品总和与同类型输入产品总和的比值。

$$\sum_{c \in cg_1} VAR\_FLO(p,c) = FLOFUN(p,cg_1,cg_2) \sum_{c \in cg_2} VAR\_FLO(p,c)$$

$$(3-3)$$

其中，cg_1、cg_2 表示技术 p 输入和输出产品中的一类产品集合，$FLOFUN$（p，cg_1，cg_2）表示技术 p 中 cg_1 到 cg_2 的转换效率。

容量利用方程：表示模型中技术活动水平与技术容量之间的关系，引入可利用系数表征技术容量的投入比例。

$$VAR\_ACT(p) \leqslant or = AF(p) \cdot CAPUNIT(p) \cdot VAR\_CAP(p)$$

$$(3-4)$$

其中，$AF(p)$ 表示技术容量 p 的可利用系数，模型计算中为了使系统总成本最低，可能存在某个时间片断内不会投入使用所有的技术容量；$CAPUNIT(p)$ 表示技术容量与技术活动水平单位之间的转换系数，除了发电技术以外，通常为 1。

容量约束方程：表示模型某个时期某个技术的可利用容量总和，为在该时期之前投资且到该时期仍在服役期的新增技术容量与规划期初始年已存在且尚未退役的技术容量之和。

$$VAR\_CAP(t,p) = \sum_{t' \in \{t-t' < LIFE(t',p)\}} VAR\_NCAP(t',p) + RESID(t,p)$$

$$(3-5)$$

其中，$LIFE(t', p)$ 表示时期 t' 新投资的技术 p 的服役寿命，$RESID(t, p)$ 表示规划期初始年已存在且到时期 t 尚未退役的技术容量。

4. 区域设置

城市产业布局的优化调整，是解决"大城市病"和城市区域间发展同质化、不均衡问题的重要举措，将重塑城市功能区的空间布局。在此发展趋势下，城市能源供应资源、能源运输管网拓扑结构及终端的能源负荷需求，与城市的空间分布的关联将越来越密切，城市能源规划需要体现城市空间布局对能源系统的影响，才能根据不同区域的负荷密度、资源环境和发展定位等优化设计更为合理的能源规划方案。

基于此，本模型利用 TIMES 模型中的分区设置功能，根据不同城市不同功能区的定位发展，设置区域分布如图 3 - 5 所示。区域 1 ~ n 代表城市不同功能区，可根据不同城市发展规划及分区规划情况，按工业区、商业区、住宅区等维度选取，区域之间的能源传输可分为单边传输和双边传输两种类型，跨区传输的能源种类可包括煤、油、气、电、热等。

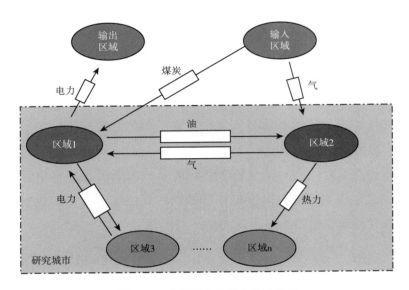

图 3-5   本模型中的城市分区设置

5. 时间尺度刻画

在能源模型中，通常规划期限内时间断面被划分为两级，一是规划周期，往往为 5~10 年；二是规划周期内的各年。为更好地在能源模型中刻画电力特性及新能源特性的不确定性，时间断面需在规划周期内各年的基础上继续细化。

一是在年内增加 S 个季的划分。新能源出力特性的季节特点较为明显，例如，西北地区新疆哈密和甘肃酒泉为夏季风电较大，其他季节相对较小；对华北、东北、华东地区而言，冬季和春季风电出力较大，夏季和秋季较小。

二是每个季选取 D 个若干"典型日"。在传统的电源规划模型中，一般方法是选各季的平均负荷日（即平均电量日）作为典型日。考虑新能源出力的不确定性较大，即使在一个季内，选取一天典型的日出力特性代表整个季存在较大难度。折中权衡计算复杂性，选取若干"典型日"从一定程度上覆盖出力特性的不确定性。

新能源波动性提升了对系统灵活性的要求，包括对其他机组调峰响应性能需求，以及储能等灵活性调节手段等。在电力规划模型中，采用小时级甚至 15 分钟级、5 分钟级的生产模拟来校核系统灵活性资源与新能源波动性的匹配性。在本模型中，折中权衡计算复杂性，采用小时级的时间断面考虑调峰平衡、储能运行、机组最小出力等电力系统灵活性资源运行约束。机组的爬坡、启停等运行约束，适合在更细的时间断面中考虑，在本模型中暂不纳入。本模型中的时间片断设置如图 3-6 所示。

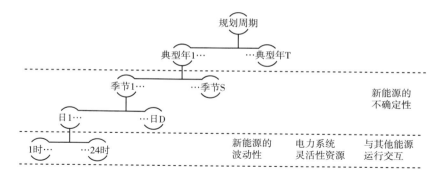

图 3-6 本模型中的时间片断设置

通过设置细化时间断面的时长与上一级时间断面时长的占比系数，能源模型中的能源平衡采取自下而上累积的方式开展。例如，年发电量是通过典型日的发电量除以典型日时长在年中的占比得到。由于新能源在其他日与"典型日"上的出力不相同，这种不均衡性致使该方法的计算结果与新能源的季发电量存在差异，进而影响了其他机组发电量在季、年等时间断面的统计，最终导致运行成本费用计算得不准确，甚至影响投资决策。

为了消除"典型日"与年时间断面之间的不均衡性，引入典型日 d

新能源 i 周期 p 地区 j 的年不均衡系数 $\xi_{d,i,p,j}$，设修正前后日时间断面时长在年时间断面中占比系数分别为 ζ_d 和 $\bar{\zeta}_d$，则：

$$\bar{\zeta}_d = \xi_{d,i,p,j} \cdot \zeta_d \qquad (3-6)$$

$$\xi_{d,i,p,j} = \bar{E}_{i,p,j} / E_{d,i,p,j} \qquad (3-7)$$

其中，$\bar{E}_{i,p,j}$ 为新能源 i 在周期 p 地区 j 的平均日发电量，$E_{d,i,p,j}$ 为新能源 i 周期 p 地区 j 典型日 d 的发电量。

同理，对电量需求，引入典型日 d 周期 p 地区 j 的电量需求年不均衡系数 $\xi_{d,p,j}$，其计算公式同上。

6. 电力系统运行特性刻画

（1）电力平衡约束。分地区 j、按周期 p、季 s、典型日 d、小时段 t（$t=1$，2，…，24）进行电力平衡：

$$
\begin{aligned}
L_{j,p,s,d,t} &= \sum_{i \in \{煤气核水风光生储\}} X_{j,p,s,d,t,i} - \sum_{i \in \{储\}} XC_{j,p,s,d,t,i} - \sum_{l \in \{jj'\}} XL_{l,p,s,d,t} \\
&\quad + \sum_{l \in \{j'j\}} XL_{l,p,s,d,t}(1-r_l) - \sum_{i \in \{水风光\}} NX_{j,p,s,d,t,i} \qquad (3-8)
\end{aligned}
$$

其中，下标 j，p，s，d，t 表示地区 j、周期 p、季 s、典型日 d 和小时段 t；$X_{j,p,s,d,t,i}$，$i \in \{煤气核水风光生储\}$ 表示煤电、气电、核电和生物质发电机组 i 的出力；$X_{j,p,s,d,t,i}$，$i \in \{水风光\}$ 表示水电、风电和光伏发电机组的无弃能出力；$X_{j,p,s,d,t,i}$，$i \in \{储\}$ 表示储能的发电功率；$XC_{j,p,s,d,t,i}$，$i \in \{储\}$ 表示储能的充电（抽水）功率；$XL_{l,p,s,d,t}$，$l \in \{jj'\}$ 表示从地区 j 到地区 j' 线路 l 的电力流；$XL_{l,p,s,d,t}$，$l \in \{j'j\}$ 表示从地区 j' 到地区 j 线路 l 的电力流；r_l 为地区 j' 到地区 j 输电线路的线损率；$NX_{j,p,s,d,t,i}$，$i \in \{水风光\}$ 表示水电、风电和光伏发电在该时段内的弃能量。

电力平衡示意图如图 3-7 所示。

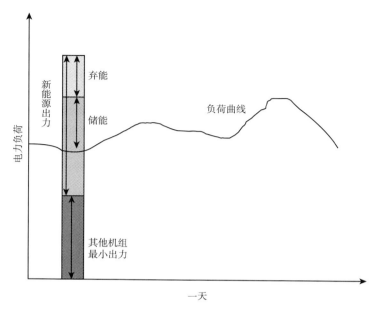

图 3 - 7　模型中的电力平衡刻画

（2）储能运行约束。

$$XE_{j,p,s,d,t,i} = XE_{j,p,s,d,t-1,i} + XC_{j,p,s,d,t,i} - X_{j,p,s,d,t,i} / [\eta_i (1 - u_i)]$$

$$(3 - 9)$$

$$0 \leqslant XE_{j,p,s,d,t,i} \leqslant V_i \qquad (3 - 10)$$

$$0 \leqslant X_{j,p,s,d,t,i} \leqslant C_{j,p,i} \cdot (1 - u_i) \qquad (3 - 11)$$

$$0 \leqslant XC_{j,p,s,d,t,i} \leqslant C_{j,p,i} \qquad (3 - 12)$$

其中，$XE_{j,p,s,d,t,i}$ 表示在时段 t 的储能电量；V_i，$i\epsilon\{$储$\}$ 表示储能电量容量上限，若是抽水蓄能电厂，则表示上库库容（单位为电量）；u_i 是厂用电率（若有）；η_i 是储能充放电效率；$C_{j,p,i}$ 表示储能充放电功率上限。目前约束反映日内储能电量不超过储能电量容量上限，以及日内充放电电量平衡、充放电功率限制及充放电效率。

对应日间、周的储能运行特性，受时间断面选取限制，本模型中并未考虑。

（3）机组出力约束。对煤、气、核、水、生物质能机组，其出力介于最大可用容量和最小出力之间：

$$C_{j,p,i} \cdot (1 - u_i) \cdot (1 - \beta_{j,p,s,i}) \cdot \alpha_{\min j,i} \leqslant X_{j,p,s,d,t,i}$$
$$\leqslant C_{j,p,i} \cdot (1 - u_i) \cdot (1 - \beta_{j,p,s,i}), i \in \{煤气核水生\} \quad (3-13)$$

其中，$\beta_{j,p,s,i}$ 表示机组 i 在周期 p、季 s 的受阻容量系数；$C_{j,p,i}$ 表示机组 i 的装机容量；$\alpha_{\min j,i}$ 表示机组最小出力系数。

模型中，不考虑机组开机容量，用装机容量近似；为简化，并不计及机组启停。

（4）输电曲线约束。对输电线上电力流规模小于等于最大输电能力。

$$0 \leqslant XL_{l,p,s,d,t} \leqslant C_l \cdot \alpha_{\max l} \quad (3-14)$$

其中 C_l 为输电线路 l 的额定容量，$\alpha_{\max l}$ 为最大输电能力系数。

（5）燃料约束。考虑煤、气、核、生物质发电的燃料约束，周期 p 区域 j 在典型年的可供发电用燃料。

煤约束：

$$\sum_s \Big[\sum_{t \in T} \sum_{i \in \{coal\}} FUC_{p,j,i}(X_{p,j,s,t,i}) \cdot \Delta t \cdot X_{p,j,s,t,i}/(1 - u_i) + \sum_{t \in T} \sum_{i \in \{coal\}} asu_{p,j,i} \cdot$$
$$U_{p,j,s,t,i} \cdot (1 - U_{p,j,s,t,i}) \Big] \cdot \xi_{p,j,s} \cdot Nseason_s \leqslant Fuel_{coalmax,p,j} \quad (3-15)$$

气约束：

$$\sum_s \Big[\sum_{t \in T} \sum_{i \in \{gas\}} FU_{p,j,i} \cdot \Delta t \cdot X_{p,j,s,t,i}/(1 - u_i) + \sum_{t \in T} \sum_{i \in \{gas\}} asu_{p,j,i} \cdot$$
$$U_{p,j,s,t,i} \cdot (1 - U_{p,j,s,t,i}) \Big] \cdot \xi_{p,j,s} \cdot Nseason_s \leqslant Fuel_{gasmax,p,j} \quad (3-16)$$

核约束：

$$\sum_s \Big[\sum_{t \in T} \sum_{i \in \{nuc\}} FU_{p,j,i} \cdot \Delta t \cdot X_{p,j,s,t,i}/(1 - u_i) + \sum_{t \in T} \sum_{i \in \{nuc\}} asu_{p,j,i} \cdot$$
$$U_{p,j,s,t,i} \cdot (1 - U_{p,j,s,t,i}) \Big] \cdot \xi_{p,j,s} \cdot Nseason_s \leqslant Fuel_{nucmax,p,j} \quad (3-17)$$

生物质约束：

$$\sum_s \Big[\sum_{t \in T} \sum_{i \in \{bio\}} FU_{p,j,i} \cdot \Delta t \cdot X_{p,j,s,t,i}/(1 - u_i) + \sum_{t \in T} \sum_{i \in \{bio\}} asu_{p,j,i} \cdot$$

$$U_{p,j,s,t,i} \cdot (1 - U_{p,j,s,t,i})] \cdot \xi_{p,j,s} \cdot Nseason_s \leqslant Fuel_{\text{biomax},p,j} \quad (3-18)$$

（6）开机容量约束。电厂的开机容量指装机容量减去检修部分及冷备用部分以后可以用来发电的容量。

$$(t)KR_{jis} = R_s \times (R_{ji} - CR_{jis} - N/R_{jis}/AV) \quad (3-19)$$

其中，KR_{jis} 表示电厂 i 在周期 t 典型年季 s 的开机容量；CR_{jis} 表示电厂 i 在周期 t 典型年季 s 的冷备用容量（仅火电厂与核电厂有）；MR_{jis} 表示电厂 i 在周期 t 典型年季 s 的检修容量；R_{ji} 表示电厂 i 在周期 t 典型年的装机容量；R_s 表示周期 t 典型年季 s 的负荷修正系数；AV 表示负荷曲线上检修面积可用率。

（7）冷备用约束。为保证系统运行的可靠性，要求系统除安排好检修以外，还要保证有一定的旋转备用和冷备用。系统的冷备用是分地区要求的，一般为该地区最大负荷的某一百分数。

系统冷备用一般只由火电厂和核电厂来承担。

$$(t) \sum_{\substack{i \in 火核 \\ 热电厂除外 \\ i在地区j}} CR_{tis} \geqslant C_{tj} \cdot P_{\max_{js}} \quad (t = 1,2,\cdots,T) \quad (3-20)$$

其中，CR_{tis} 表示电厂 i 在周期 t 典型年季 s 的冷备用容量；C_{tj} 表示地区 j 在周期 t 的冷备用率；$P_{\max_{js}}$ 表示地区 j 在周期 t 季 s 的最大负荷。

（8）旋转备用约束。旋转备用考虑作为顶负荷曲线的最尖峰，且认为其持续时间非常短，因此对系统的电量影响很小。

在进行电力平衡时，由于最尖峰时段 K 为旋转备用，则平衡后系统的旋转备用要求就自然满足了。

实际运行中，旋转备用多为水电厂和抽水蓄能电厂来承担。出于系统可靠性的考虑，旋转备用不能过分集中在某一个电厂上，所以，对每个水电厂和抽水蓄能电厂都存在旋转备用约束，即其承担旋转备用的容量不能大于其开机容量的某一百分数。

$$(t) \atop i \in 水蓄 \; X_{jisK} \leqslant sf_i \cdot KR_{jis} \quad (3-21)$$

其中，sf_i 表示电厂 i 的旋转备用系数，即最大可承担的旋转备用容量占开机容量的百分比；X_{jisK} 表示电厂在最高时段 K 的工作容量，即电厂 i 承担的旋转备用容量。

此外，对于多区域规划问题，一个地区替另一地区承担的旋转备用容量也是受到限制的，一般为两地区间输电能力的某一百分数。

$$(t)X_{(jj')sK} \leq sf_{(jj')} \cdot R_{(jj')} \cdot C_{\max_{(jj')}} \qquad (3-22)$$

其中，$sf_{(jj')}$ 表示地区 j 至 j' 间输电线上旋转备用容量占可用架线容量的百分数；$X_{(jj')sK}$ 表示地区 j 至 j' 承担的旋转备用容量。

同样有：

$$(t)X_{(j'j)sK} \leq sf_{(jj')} \cdot R_{(jj')} \cdot C_{\max_{(jj')}} \qquad (3-23)$$

7. 城市能源服务需求预测模型

城市能源服务需求是城市能源系统模型分析的重要驱动因素，城市能源消费的最终目的是为城市生产和生活提供可用的能源服务，准确预测城市能源服务需求是合理规划城市能源系统的基础。本章预测城市能源服务需求时，采用国际通用惯例，根据用途而非中国传统能源统计中的行业①对城市终端用能领域进行区分，具体将城市终端用能部门划分为农业、工业、交通②和建筑③四大类。

在能源系统模型分析过程中，终端能源服务需求既可以用能源服务的有用能表征，如居民采暖的热量需求，也可以用能源服务的实物量表征，如工业部门的钢产量或交通部门的运输周转量等。需要注意的是，采取哪种终端能源服务需求表征量，需要与能源模型中的终端用能技术

---

① 中国能源统计口径中，将终端用能行业分为第一产业、第二产业、第三产业和生活消费四大类，其中交通用能主要体现在第三产业中的交通运输、仓储和邮政业中，建筑用能主要体现在第三产业和生活消费中。
② 包括能源统计中的第一产业、第二产业、第三产业和生活消费中的所有交通用能服务，不包括交通运输、仓储和邮政业中的建筑用能服务。
③ 包括能源统计中的第三产业和生活消费中的所有建筑用能服务，不包括第三产业和居民生活中的交通用能服务。

的技术参数匹配，通过终端能源服务需求表征量与终端用能技术的效率或能耗强度的乘积，得到终端能源需求。按照一般惯例，本书中的城市能源服务需求部门划分及能源服务需求表征量如图 3 - 8 所示。

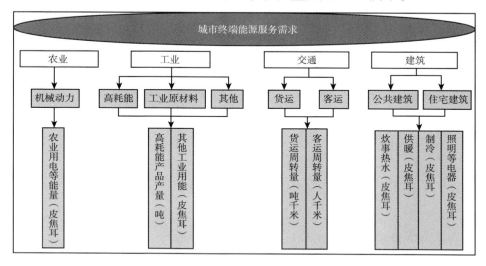

图 3 - 8　城市终端用能服务部分分类及表征量

城市能源服务需求的预测根据不同部门不同用能类型，可采用不同的预测方法，本书以城市能源经济模型计算出的经济社会发展情景参数为边界，综合运用了部门分析、区域类比、人均能耗、单位产值能耗、时间序列、弹性系数等多种预测方法，形成了能源服务需求预测方法体系，如图 3 - 9 所示。鉴于工业、交通和建筑部门是未来城市主要用能领域，后面将主要针对工业、交通和建筑部门的预测方法分别进行论述。

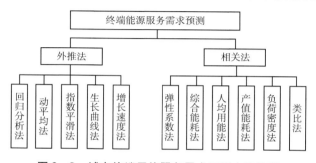

图 3 - 9　城市终端用能服务需求预测方法体系

（1）工业。工业部门能源服务需求按照高耗能和其他工业用能进行区分。高耗能部门的能源服务需求一般采用高耗能工业产品产量表征。发达国家工业发展历史经验表明，高耗能工业产品产量的未来发展规模具有饱和趋势特征。本书采用基于 Gomperta 模型原理的具有饱和水平限制功能的工业部门产量预测方法，对钢铁、铝、水泥等产量进行预测。假定有 M 个高耗能工业生产部门，每个部门选取 N 个人均饱和水平，则预测方法如以下公式所示：

$$I_{i,j} = S_{i,j} \cdot e^{\alpha \cdot e^{\beta \cdot PGDP}} \quad \forall S_{i,j} \in \left[I_{i,\min}, I_{i,\max} \right], 1 \leqslant i \leqslant \mathrm{m}, 1 \leqslant j \leqslant \mathrm{n} \tag{3 - 24}$$

其中，$I_{i,j}I_{i,j}$ 为工业产品的人均产量水平，$PGDP$ 为人均收入，$S_{i,j}$ 为产品 i 的人均饱和水平，$I_{i,j}I_{i,\min}$、$I_{i,j}I_{i,\max}$ 是已完成工业化国家的产品 i 的人均产量最小值和最大值，α 和 β 是确定曲线形状的参数。

对于除高耗能外的其他工业用能服务需求，本书直接选取其具体用能和原材料作为其能源服务需求表征量，并采用弹性系数法分别预测其他工业煤、油、气、电、热等终端用能及工业原材料需求。弹性系数法表示的是被预测量能源服务需求与预测量经济社会指标增长速度之间的相对关系，用弹性系数表示，具体预测公式如下：

$$g_{dm} = g_d \times s_e \tag{3 - 25}$$

其中，g_{dm} 表示能源服务需求的变化速度，g_d 表示驱动因素的变化速度，s_e 表示两者之间的弹性系数，这里的驱动因素选取除去高耗能外的其他工业 GDP 值。

（2）交通。交通部门具体划分为客运和货运两种运输类型，分别用旅客运输周转量和货物运输周转量来表征。对于运营性质的城市客运和货运部门有对周转量相对健全的统计体系，可结合历史数据采用计量经济学等方法进行预测。

已有研究结果表明，交通客货运周转量与 GDP 存在明显的正相关关系，且客运周转量主要和人均 GDP 相关，货运周转量主要和 GDP 总量相关。本研究通过历史统计数据规律发现，城市客货运周转量还与工业生产总值、社会总人口数和社会消费品零售总额等因素具有一定的相关关系，其相关系数较高。因此，本研究综合采用客运周转量的时间序列回归分析法及客运周转量与工业生产总值和人口数的二元回归分析法预测城市未来客运周转量；采用货运周转量的时间序列回归分析法及货运周转量与工业生产总值和社会消费品零售额的二元回归分析法预测城市未来货运周转量。由于不同的预测方法的预测结果间有一定的差别，为了得到更准确的预测结果，使用组合预测方法，对不同方法得到的结果进行加权预测。以北京城市数据为例，城市各种运输方式的客货运周转量的时间序列回归分析自预测示意图如图 3 − 10 和图 3 − 11 所示。

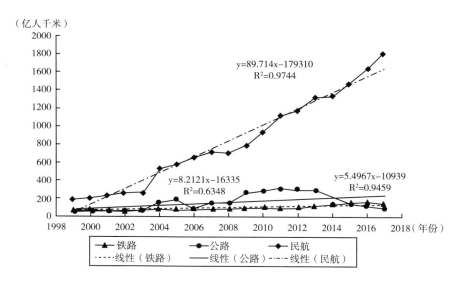

图 3 − 10　城市各种运输方式客运周转量自预测

资料来源：《北京统计年鉴 2021》。

由于城市交通运输部门统计的客货运周转量数据里不包括城市非运营性公路货物运输及城市内客运出行需求，因此需单独对上述两类服务需求的周转量进行预测，可采用如下公式预测：

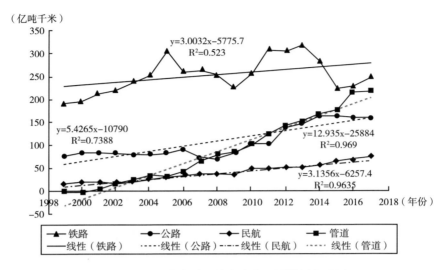

（亿吨千米）

$y = 3.0032x - 5775.7$
$R^2 = 0.523$

$y = 5.4265x - 10790$
$R^2 = 0.7388$

$y = 12.935x - 25884$
$R^2 = 0.969$

$y = 3.1356x - 6257.4$
$R^2 = 0.9635$

铁路　◆公路　◆民航　■管道
线性（铁路）　线性（公路）　线性（民航）　线性（管道）

图 3 - 11　城市各种运输方式货运周转量自预测

资料来源：《北京统计年鉴 2021》。

$$TM_i = VN_i \times AC_i \times ATD_i \qquad (3 - 26)$$

$$PK_j = \frac{ATT_j \times ATD_j \times SP_j}{AP_j} \qquad (3 - 27)$$

其中，*TM* 表示非运营性公路货物运输服务需求；*i* 表示货车类型，可分为重型货车、中型货车、轻型货车等；*VN* 表示货车保有量，*AC* 表示货车平均载货重量，*ATD* 表示平均行驶距离；*PK* 表示城市公路客运出行服务需求；*j* 表示运输方式，包括公交车、地铁、出租车及私人轿车等；*ATT* 表示人均出行次数，*AP* 表示平均载客人数，*SP* 表示客运出行交通结构。

各类交通工具保有量、出行次数等预测又受 GDP、家庭收入、人口等经济社会发展因素影响，具体影响关系可参考图 3 - 12。

（3）建筑。广义的建筑能耗包括建筑材料生产、建筑营造等建筑建造过程能耗以及建筑运行过程能耗。考虑城市主要以服务业等第三产业为主，本书所说的建筑能耗主要是指建筑运行能耗，即非生产性建筑在使用过程中的能源消耗，包括用于营造建筑室内环境、实现建筑服务功

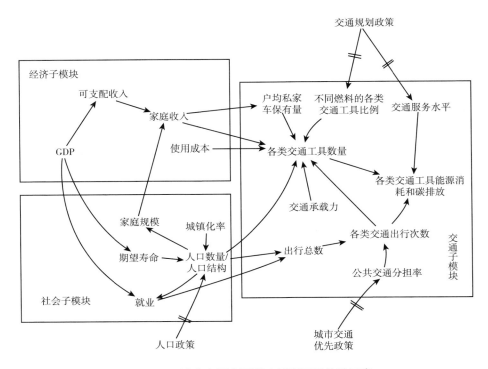

图 3 – 12　城市交通主要影响因素因果关系示意

能的采暖、制冷、通风、照明、炊事、热水、家电、办公等能源消耗。

　　根据相关研究，在建筑的全生命周期中，约有80%的能耗发生在建筑物使用过程中，因此建筑运行能耗应是城市能源规划的关注重点。当前，建筑能耗在城市总体用能中占比较高，据统计，纽约建筑能耗约占城市总体用能的80%，北京建筑能耗占比约为40%；而从全国整体水平来看，建筑能耗占比约为30%。因此，随着未来城镇化的逐步推进以及城市第三产业的发展，城市建筑能耗占比将呈上升趋势。

　　从建筑能耗预测范围来看，民用建筑可以分为住宅建筑和公共建筑两类。其中，住宅建筑中用能主要服务于居民生活，以家庭为单位，炊事、生活热水和各类家电是主要的用能项；而公共建筑主要包括商场、学校、酒店、办公和医院等，各类公共建筑的终端用能项需求不同，办公设备、电梯和照明等是主要用能项，公共建筑通常以楼宇为用能单元。

目前，世界各国统计部门或者研究机构，通常按照住宅和公共建筑两种类型区分建筑能耗。其中，住宅建筑用能主要包括照明、家电、炊事、生活热水以及空调。公共建筑用能主要包括照明、设备、空调、热水及其他。两者预测模型示意图分别如图 3 – 13 和图 3 – 14 所示。

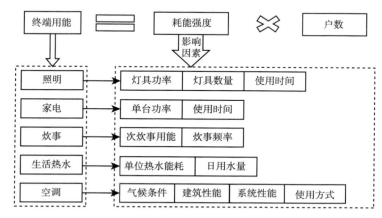

图 3 – 13 住宅建筑用能服务需求分析模型示意

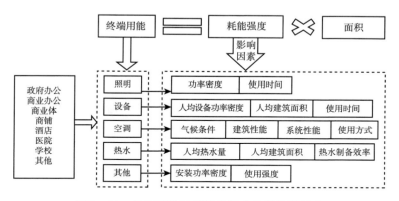

图 3 – 14 公共建筑用能服务需求分析模型示意

（四）模块 2：考虑资源—环境约束的城市能源经济模型 U-CGE

CGE 模型是一般均衡理论在实际经济中的应用。它的建模思想是各种行为主体满足经济行为假设，即生产者在生产技术一定的条件下通过最小化成本实现利润最大化目标；消费者在受到收入水平的限定条件下，通过消费物品的偏好选择，实现其消费效用最大化目标；进出口商品和国内产品则在总产出水平一定的条件下，通过价格传导机制实现其在国内和国外销售的收益最大化目标；要素的供给和需求则是在生产的过程中完成其资源要素禀赋的最优化配置。以上的行为假设在 CGE 模型中具体体现在生产模块、收入支出模块、商品贸易模块等模块中。

CGE 模型一般包括以下三个部分。（1）供给部分。该部分的方程主要对商品和要素的生产者行为及其优化条件进行描述，包括生产者的生产方程、约束方程、生产要素的供给方程及优化条件方程等。（2）需求部分。一般把总需求分解为最终消费、中间投入和投资品三个部分，再把消费者分为居民、企业和政府三类。模型主要对消费者行为及优化条件进行描述，包括消费者需求方程、约束方程、生产要素的需求方程、中间需求方程及优化条件方程等。在开放的经济模型中，CGE 模型还要考虑进出口模型，其消费需求函数也要允许进口商品与国内商品之间的替代。（3）寻求和建立供给与需求之间的联系。基本思路是寻求一个价格的向量，使供求双方达到平衡，市场是连接供求双方的主要渠道。该部分主要是对市场均衡以及与之联系的预算均衡进行描述，包括产品市场均衡、要素市场均衡、居民收支均衡、政府预算均衡和国际市场均衡等（见图 3 - 15）。

本章构建的城市能源经济模型（U-CGE）主要包括 28 个生产部门，其中包括 3 个资源恢复部门、4 个污染治理部门、4 个资源产业部门和 17 个传统生产部门（见表 3 - 1）。模型包括六类生产要素——劳动力、土地、资本、能源类资源资产、非能源类资源资产和环境资产，其中劳动力、资本和环境资产被所有的部门使用，资源资产被资源恢复部门和资源产业部门使用，土地仅仅被农业部门使用；此外，根据不同熟练程度和城乡来源，劳动力被进一步分解为 3 种类型——农业劳动力、生产工人和专业技术人员。

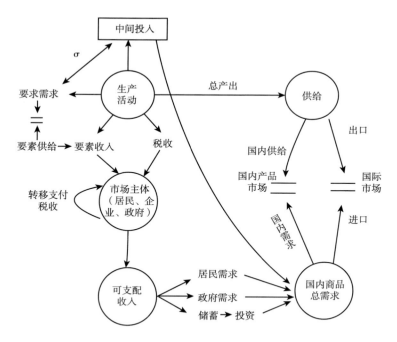

图 3 - 15 CGE 模型的基本架构

表 3 - 1 CGE 模型的生产部门设置

部门分类	标记	部门名称	部门分类	标记	部门名称
资源恢复部门	rri	煤资源恢复			食品制造与烟草加工业
		石油资源恢复			纺织业
		天然气资源恢复			木材加工及家具制造业
污染治理部门	pdi	废水治理			石油化工
		二氧化硫			非金属矿物制品业
		总悬浮颗粒物	一般生产部门	gi	金属冶炼制品业
		固体废物治理			机械、电气设备制造修理业
资源产业部门	ri	煤炭采选业			其他制造业
		石油天然气开采业			风电等生产及供应业
		金属矿采选业			火电生产及供应业
		非金属矿采选业			其他电力生产及供应业
一般生产部门	gi	农业			燃气生产及供应业

续表

部门分类	标记	部门名称	部门分类	标记	部门名称
一般生产部门	gi	水供应业	一般生产部门	gi	饮食业
		建筑业			金融及房地产业
		运输邮电业			科教文卫及社会服务业
		商业			

收入分配的主体包括居民、企业、地方政府、中央政府和预算外账户。居民按照居住地分为城镇和农村两大类。收入分配包括初次收入分配和收入再分配，在国民收入的初次分配中，各种生产要素禀赋者依据在生产过程中提供的要素贡献获取收入：劳动力获得劳动收入；资本所有者获得资本收入；地方政府、中央政府和预算外账户的收入主要来自各类税收，如增值税、营业税、企业直接税、居民个人所得税等。在收入再分配过程中，各种收入在居民、企业和各级政府间进行再调节分配。

（1）本研究构建的城市能源经济模型（U-CGE）在假设条件、账户划分、宏观闭合等方面，充分考虑宏观环境、经济与能源转型衡量指标等因素。

近年来，我国呈现出"刘易斯拐点"的迹象，劳动力出现短缺，人口红利基本消失成为研究学者的共识。因此本研究采用凯恩斯的宏观闭合原则。模型假定要素市场出清，劳动和资本的总供给量设定为外生，并且两者均可以在部门之间自由流动。模型同时将基础设施投资设定为外生。本研究采用投资驱动型的宏观闭合，将投资设为外生变量，以模拟电网建设以及可再生能源投资"冲击"。

现阶段，转变经济发展方式是经济转型的重要内容，产业结构升级、劳动报酬占比增加、资源利用效率提升是衡量转变经济发展方式的重要指标。在账户划分时将"可再生能源发电""火电""其他能源发电及供应业"作为独立账户以观察资源利用指标。

（2）本研究构建的U-CGE模型将环境要素及能源资源要素融入生产函数与效用函数，可用于模拟排污权交易、能源消费总量控制等相关政策效果。

环境因素与经济模型的融合主要有两种思路：一是在经济增长模型中分析经济与环境的关系；二是将环境污染（与资源消耗）内嵌到经济增长模型中求最优解。对于经济模型的选取，最初的研究主要采用新古典经济增长模型，把经济增长的动力归为无法解释的外在技术进步，在效用及生产函数中引入污染的存量和流量。

一般认为，环境质量（或污染物存量）受生产带来的污染、环保投资（污染治理比例）、环境对污染物的自净能力、技术进步（能源技术的清洁指数）等影响。生产函数一般采用柯布—道格拉斯形式，其决定因素有资本存量、人力资本总量、耗竭性资源投入量、污染物存量等。选用何种福利函数将对发展的可持续性评估产生影响，传统的社会福利只是消费的函数，此领域的效用函数则由消费、能源资源存量和环境质量等构成。使当前和未来的社会效用现值最大化，即跨期效用最大化，是最优环境和经济规划的目的，这一点也体现了可持续发展中当代人和未来世代福利的权衡。

本研究首先将环境污染和（或）能源消费作为独立要素，融入生产函数和效用函数，建立经济、环境等要素的质量方程，然后构造 Hamilton 函数，求各控制变量的一阶条件，再对阶段变量的欧拉方程求解，求出稳态增长条件下各变量的增长率，最后得出各要素的最优增长率，即得最优发展路径。

（3）本研究构建的 U-CGE 模型通过价格模块体现了电力等能源非竞争性特殊商品的政策管制经济。本研究主要通过各种价格关系将不同的经济主体及产业部门联系起来，主要包括各种产品的销售价格、成本价格以及税率之间的关系。用生产要素投入成本和中间投入成本表示部门产品的单位成本，可由式(3-28)表示：

$$PA_c^p = \sum_a ia_{ac} \cdot PQ_a + (P_{EKc} \cdot EK_c + W \cdot L_c)/QA_c \quad (3-28)$$

在部门产品的单位成本之上加生产税即为部门产品的基本价格，可由式（3-29）表示：

$$PA_c = (1 + t_c^p) \cdot PA_c^p \qquad (3-29)$$

在该模型中，假定到岸价与离岸价保持不变，考虑进口税而暂不考虑出口税，进口价格与出口价格可分别由式（3-30）和式（3-31）表示：

$$PM_a = PWM_a \cdot (1 + tm_a) \cdot \Phi \qquad (3-30)$$

$$PE_c = PWE_c \cdot \Phi \qquad (3-31)$$

电力部门生产的商品的价格及商品的最终消费价格可由式（3-32）和式（3-33）表示：

$$PX_c = (PDA_c \cdot QDA_c + PE_c \cdot QE_c)/QX_c \qquad (3-32)$$

$$PQ_a = (PDC_c \cdot QDC_a + PM \cdot QM_a)/QQ_a \qquad (3-33)$$

其中，PA_c^p 为电力生产部门的单位成本，PA_c 为电力生产部门的基本价格，t_c^p 为电力生产部门的生产税税率，PM_a 为进口商品的价格，PWM_a 为进口商品的国际价格，ϕ 为汇率，PE_c 为出口商品的价格，PWE_c 为出口商品的国际价格，PX_c 为电力部门生产的商品价格，PQ_a 为商品的最终消费价格。

（五）模块3：城市能源碳排放等环境影响分析模块

城市大气、土壤、水等环境资源是制约城市能源发展的关键因素。环境容量的有限性是推动目前城市能源转型的重要推动力。城市环境保护和生态建设规划与城市能源规划密不可分，因此，研究城市能源开发与利用的大气与水资源等环境问题愈发重要。同时，考虑评估可再生能源配额、能源消费总量控制、排污权交易等能源环境政策的实施效果，是建立城市能源规划决策支持系统不可缺少的重要组成部分。

本书构建的能源碳排放及环境影响分析模块基于能源技术与能源经济模型耦合之后的混合模型，通过在能源技术模型与能源经济模型中添加二氧化碳排放总量、二氧化碳排放峰值或者环境税等环境约束，实现经济、能源和环境之间的交互。在此基础上，本模块还重点关注城市减排路径的优选问题，即比较不同能源供给与消费方案产生的碳排放或大气污染物排放情况，分析不同减排路径带来的环境效益等。

二氧化碳、二氧化硫、氮氧化物等常规大气污染物的排放都与能源的生产和消费密切相关。本模块通过设定每种能源开采、加工、转换及终端利用技术等工艺流程的碳排放和大气污染物排放因子，结合能源技术模型优化得到的技术容量，即可得到各种能源利用环节产生的排放情况。具体预测模型思路如图 3 – 16 所示。

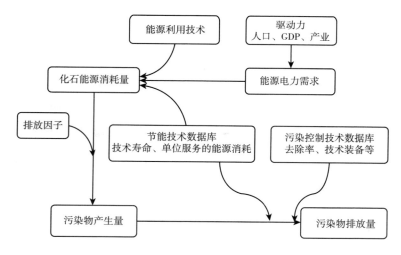

图 3 – 16　能源消费产生的污染物排放预测模型框架

二、园区级综合能源系统规划模型

园区是我国城市经济发展的重要空间形式，具有资本、技术、劳动力、信息等生产要素高度聚集的特点，规模效应、聚集效应和扩散效应突出。随着我国城市经济迈入高质量发展阶段，园区经济作为城市经济发展的重要引擎，将是未来城市经济的重要模式。

作为支撑园区发展的重要物质基础，园区综合能源系统规划具有重大的现实需求及成熟的物理基础。一方面，园区能源具有用能密度大、供能质量要求高、节能减排需求急迫等特点，园区综合能源系统规划有利于加强不同能源品种间的协调互动，促进发展清洁低碳、安全高效的能源供应体系，进一步降低企业用能成本；另一方面，园区是电、气、热（冷）等各能源品种终端汇聚，源、网、荷、储各环节物理连接的典型空间形式，同时具有依托数字化技术实现多能互补、多环节互动的现实条件，有助于开展综合能源系统规划，推动园区能源的转型升级。典型的园区综合能源供应系统如图 3-17 所示。

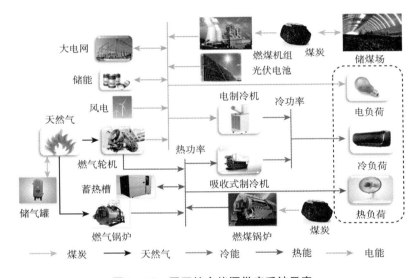

图 3-17　园区综合能源供应系统示意

　　园区级综合能源系统规划思路如图 3-18 所示。本研究选取苏黎世联邦理工学院提出的能量枢纽，作为刻画园区级综合能源系统能源输入与输出间耦合（转化、存储、传输）关系的端口模型，如式（3-34）所示。以冷、热、电需求作为用户终端用能需求，根据输入与输出能源类型，将园区综合能源系统技术类型总体分为能源生产技术、转换技术、输送技术及存储技术四大类。

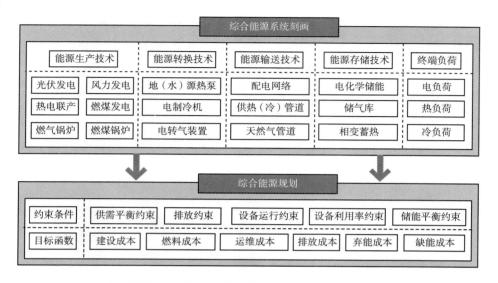

图 3-18　园区级综合能源系统规划思路框架

$$
\begin{bmatrix} L_1 \\ L_2 \\ \vdots \\ L_n \end{bmatrix} = \begin{bmatrix} \eta_{11} & \eta_{12} & \cdots & \eta_{14} \\ \eta_{21} & \eta_{22} & \cdots & \eta_{24} \\ \vdots & \vdots & \ddots & \vdots \\ \eta_{n1} & \eta_{n2} & \cdots & \eta_{nn} \end{bmatrix} \begin{bmatrix} P_1 \\ P_2 \\ \vdots \\ P_n \end{bmatrix} \quad (3-34)
$$

其中，L_i表示输出的电、热、冷等形式的能源；P_i表示输入的煤、气等各种形式的能源；η_{ij}是耦合因子，表示第j种输出能源和第i种输入能源的比值。

（一）能源生产技术

能源生产技术是指以非终端能源需求的其他能源形式作为输入，即时输出电、热、冷三种终端能源的技术，输入与输出耦合关系为转换。园区典型能源生产技术包括光伏（风力）发电、燃煤（燃气）发电机组、燃煤（燃气）锅炉、燃气灶、热电联产等。各类生产技术端口模型如下所示：

（1）光伏（风力）发电技术将太阳能（风能）转化为电能，本研究选取典型场景出力曲线的方法进行刻画，其端口模型如下：

$$\begin{bmatrix} P_{\mathrm{pv},t} \\ P_{\mathrm{wind},t} \end{bmatrix} = \begin{bmatrix} 1 & -1 & 0 & 0 \\ 0 & 0 & 1 & -1 \end{bmatrix} \begin{bmatrix} P_{\mathrm{pv,typ},t} \\ P_{\mathrm{pv,cur},t} \\ P_{\mathrm{wind,typ},t} \\ P_{\mathrm{wind,cur},t} \end{bmatrix} \qquad (3-35)$$

其中，$P_{\mathrm{pv},t}$、$P_{\mathrm{pv,typ},t}$、$P_{\mathrm{pv,cur},t}$分别为 t 时刻光伏发电机组实际出力、典型出力曲线的出力、弃电功率，$P_{\mathrm{wind},t}$、$P_{\mathrm{wind,typ},t}$、$P_{\mathrm{wind,cur},t}$分别为 t 时刻风力发电机组实际出力、典型出力曲线的出力、弃电功率。

（2）发电机组将天然气、煤炭等其他能源形式转化为电能，锅炉是将天然气、煤炭等转化为热能，具有相似的端口模型：

$$\begin{bmatrix} P_{\mathrm{MT},t} \\ P_{\mathrm{CT},t} \\ P_{\mathrm{GB},t} \\ P_{\mathrm{CB},t} \end{bmatrix} = \begin{bmatrix} \eta_{\mathrm{MT}} & 0 & 0 & 0 \\ 0 & \eta_{\mathrm{CT}} & 0 & 0 \\ 0 & 0 & \eta_{\mathrm{GB}} & 0 \\ 0 & 0 & 0 & \eta_{\mathrm{CB}} \end{bmatrix} \begin{bmatrix} P_{\mathrm{MT,gas},t} \\ P_{\mathrm{CT,coal},t} \\ P_{\mathrm{GB,gas},t} \\ P_{\mathrm{CB,coal},t} \end{bmatrix} \qquad (3-36)$$

其中，$P_{\mathrm{MT},t}$、$P_{\mathrm{MT,gas},t}$、$\eta_{\mathrm{MT},t}$分别为 t 时刻气电机组的输出功率、消耗天然气功率、发电效率，P_{CT}、$P_{\mathrm{CT,coal}}$、η_{CT}分别为煤电机组的输出功率、消耗煤炭功率、发电效率，$P_{\mathrm{GB},t}$、$\eta_{\mathrm{GB},t}$、$P_{\mathrm{GB,gas},t}$分别为燃气锅炉的输出热功率、制热效率、消耗天然气功率，$P_{\mathrm{CB},t}$、$\eta_{\mathrm{CB},t}$、$P_{\mathrm{CB,coal},t}$分别为燃煤锅炉的输出热功率、制热效率、消耗天然气功率。

（3）热电联产机组将天然气、煤炭等转化为电能与热能，常见运行方式为以热定电，其端口模型如下：

$$\begin{bmatrix} P_{bp,h,t} \\ P_{bp,e,t} \end{bmatrix} = \begin{bmatrix} \eta_{\mathrm{bp}} \\ \eta_{\mathrm{bp}} k_{\mathrm{bp}} \end{bmatrix} \begin{bmatrix} P_{\mathrm{bp,gas},t} \end{bmatrix} \qquad (3-37)$$

其中，$P_{bp,h,t}$、$P_{bp,\mathrm{gas},t}$、$\eta_{bp,t}$、$P_{bp,e,t}$、$k_{bp,t}$分别为 t 时刻机组的热功率出力、消耗天然气功率、制热效率、电功率出力、电热比。

（二）能源转换技术

能源转换技术是指以电、热、冷三种终端能源作为投入，即时产出电、热、冷三种终端能源或其他能源形式的技术，输入与输出耦合关系为转换。园区典型能源转换技术包括热泵、电制冷机、电转气设备、吸收式制冷机等，端口模型如下：

$$\begin{bmatrix} P_{HP,t} \\ P_{EC,t} \\ P_{PG,t} \end{bmatrix} = \begin{bmatrix} \eta_{HP} & 0 & 0 \\ 0 & \eta_{EC} & 0 \\ 0 & 0 & \eta_{PG} \end{bmatrix} \begin{bmatrix} P_{HP,in,t} \\ P_{EC,in,t} \\ P_{PG,in,t} \end{bmatrix} \quad (3-38)$$

其中，$P_{HT,t}$、$P_{HT,in,t}$、η_{HP}分别为t时刻热泵输出热功率、消耗的电功率和能效比，$P_{EC,t}$、$P_{EC,in,t}$、$\eta_{EC,t}$分别为t时刻电制冷机的制冷输出功率、消耗的电功率、能效比，$P_{PG,t}$、$P_{PG,in,t}$、$\eta_{PG,t}$分别为t时刻电转气输出气功率、驱动电功率和转化系数。

（三）能源输送技术

能源输送技术是指将各类形式能源所处区域进行改变的技术，包括但不限于供冷管道、热力管道、天然气管道、电网。各类生产技术建模如下：

$$\begin{bmatrix} P_{out,c,t} \\ P_{out,h,t} \\ P_{out,g,t} \\ P_{out,e,t} \end{bmatrix} = \begin{bmatrix} 1-\eta_c & 0 & 0 & 0 \\ 0 & 1-\eta_h & 0 & 0 \\ 0 & 0 & 1-\eta_g & 0 \\ 0 & 0 & 0 & 1-\eta_e \end{bmatrix} \begin{bmatrix} P_{in,c,t} \\ P_{in,h,t} \\ P_{in,g,t} \\ P_{in,e,t} \end{bmatrix} \quad (3-39)$$

其中，$P_{out,c,t}$、$P_{in,c,t}$、η_c分别为供冷管道的受端功率输出、送端功率、损耗率，$P_{out,h,t}$、$P_{in,h,t}$、η_h分别为热力管道的受端功率输出、送端功率、损耗率，$P_{out,g,t}$、$P_{in,g,t}$、η_g分别为天然气管道的受端功率输出、送端功率、损耗率，$P_{out,e,t}$、$P_{in,e,t}$、η_e分别为电网的受端功率输出、送端功率、损耗率。

（四）能源存储技术

能源存储技术是指将各类形式能源供应时间进行延时的技术。园区典型能源存储技术包括电化学储能、储气装置、相变蓄热装置。各类存储技术端口模型如下：

（1）电化学储能在充放电过程中有能量损耗，端口模型如下：

$$\begin{bmatrix} S_{e,0} \\ S_{e,1} \\ \vdots \\ S_{e,t} \end{bmatrix} = \begin{bmatrix} 1 & 0 & 0 & \cdots & 0 & 0 \\ 1 & \eta_{e,cha} & -\dfrac{1}{\eta_{e,dis}} & \cdots & 0 & 0 \\ \vdots & \vdots & \vdots & \ddots & \vdots & \vdots \\ 1 & \eta_{e,cha} & -\dfrac{1}{\eta_{e,dis}} & \cdots & \eta_{e,cha} & -\dfrac{1}{\eta_{e,dis}} \end{bmatrix} \begin{bmatrix} P_{e,cha,0} \\ P_{e,cha,1} \\ P_{e,dis,1} \\ \vdots \\ P_{e,cha,t} \\ P_{e,dis,t} \end{bmatrix}$$

$$(3-40)$$

其中，$S_{e,t}$、$P_{e,cha,t}$、$P_{e,dis,t}$、$\eta_{e,cha}$、$\eta_{e,dis}$ 分别为电化学储能在 t 时刻剩余容量、充能功率、放能功率、充能效率、放能效率。

（2）储气装置在存储过程中能量损耗可以不计，端口模型如下：

$$\begin{bmatrix} S_{g,0} \\ S_{g,1} \\ \vdots \\ S_{g,t} \end{bmatrix} = \begin{bmatrix} 1 & 0 & 0 & \cdots & 0 & 0 \\ 1 & 1 & -1 & \cdots & 0 & 0 \\ \vdots & \vdots & \vdots & \ddots & \vdots & \vdots \\ 1 & 1 & -1 & \cdots & 1 & -1 \end{bmatrix} \begin{bmatrix} P_{g,cha,0} \\ P_{g,cha,1} \\ P_{g,dis,1} \\ \vdots \\ P_{g,cha,t} \\ P_{g,dis,t} \end{bmatrix} \quad (3-41)$$

其中，$S_{g,t}$、$P_{g,cha,t}$、$P_{g,dis,t}$ 分别为储气装置在 t 时刻剩余容量、充能功率和放能功率。

（3）相变蓄热装置能够将电能转化为热能，随后加以存储，端口模型如下：

$$\begin{bmatrix} S_{h,0} \\ S_{h,1} \\ \vdots \\ S_{h,t} \end{bmatrix} = \begin{bmatrix} 1 & 0 & 0 & \cdots & 0 & 0 \\ 1 & \eta_{eh} & -\dfrac{1}{\eta_{hdis}} & \cdots & 0 & 0 \\ \vdots & \vdots & \vdots & \ddots & \vdots & \vdots \\ 1 & \eta_{eh} & -\dfrac{1}{\eta_{hdis}} & \cdots & \eta_{eh} & -\dfrac{1}{\eta_{hdis}} \end{bmatrix} \begin{bmatrix} P_{echa,0} \\ P_{echa,1} \\ P_{hdis,1} \\ \vdots \\ P_{echa,t} \\ P_{hdis,t} \end{bmatrix} \quad (3-42)$$

其中，$S_{h,t}$、$P_{echa,t}$、$P_{hdis,t}$、η_{eh}、$\eta_{hdis,t}$ 分别为设备在 t 时刻的剩余容量、充电功率、放热功率、电能转化效率、放热效率。

（五）终端能源负荷

不同的用能需求种类具有不同的内在特性，园区综合能源系统需要充分利用不同能源负荷间特性的差异性，从而实现多能互补。电能具有发电能源种类广泛、终端利用清洁高效、适宜大规模传输等优点，但电力系统对可靠性要求较高，且电能无法大规模存储，要求发、输、配、用同时进行。而冷、热传输范围较小，但惯性时间常数较大，短时间内切断负荷居民通常难以察觉或影响很小，同时热存储成本较低，因此具有相对较高的灵活性。各类负荷建模如下：

（1）电负荷选取典型负荷曲线进行刻画，其表达公式如下：

$$P_{e,load} = P_{e,typ} - P_{e,gap} \qquad (3-43)$$

其中，$P_{e,load}$、$P_{e,typ}$、$P_{e,gap}$ 分别为电负荷实际值、需求值、缺电值。

（2）选取典型负荷曲线对热（冷）荷进行刻画，由于热（冷）力供应在一定范围内波动时，对于用户几乎没有影响，其表达公式如下：

$$P_{h,load} = P_{h,typ} - P_{h,gap} - P_{h,wave} \qquad (3-44)$$

其中，$P_{h,load}$、$P_{h,typ}$、$P_{h,gap}$、$P_{h,wave}$ 分别为电负荷实际值、需求值、缺电值、舒适裕度值。

（六）目标优化模型

本模型考虑资金的时间价值，引入折现率，以系统全规划周期总建设及运行成本最低为目标函数，将不同时间段的投资及运行等成本折算到初始投资年进行统一优化，具体包括建设成本、燃料成本、运维成本、排放成本、弃能成本、缺能成本及蓄热奖惩成本。目标函数表达式如下：

$$\begin{cases} \min C_{\text{sys}} = \sum_{m=1}^{M} \left[\frac{C_{\text{C},m}}{(1+r_z)^{m-1}} + \frac{1}{(1+r_z)^m}(C_{\text{F},m} + C_{\text{V},m} + C_{\text{E},m} + C_{\text{D},m} + C_{\text{L},m}) \right] \\[2mm] C_{\text{C}} = \sum_{g=1}^{G} W_{g,\text{re}} c_{g,\text{re}} \\[2mm] C_{\text{F}} = \sum_{g=1}^{G} (P_{\text{coal},g} c_{\text{coal}} + P_{\text{gas},g} c_{\text{gas}}) \Delta t \\[2mm] C_{\text{V}} = \sum_{g=1}^{G} c_{\text{V},g} \cdot P_g \cdot \Delta t \\[2mm] C_{\text{E}} = \sum_{g=1}^{G} c_{\text{E},g} \cdot P_g \cdot \Delta t \\[2mm] C_{D} = \sum_{g=1}^{G} c_{\text{D},g} \cdot D_g \cdot \Delta t \\[2mm] C_{\text{L}} = \sum_{n=1}^{N} c_{\text{L},n} \cdot L_n \cdot \Delta t \end{cases} \quad (3-45)$$

其中，m 代表第 m 年，C_{C}、C_{F}、C_{V}、C_{E}、C_{D}、C_{L} 分别为系统建设成本、燃料成本、运维成本、排放成本、弃能成本、缺能成本；M、G、N 分别为规划周期、供能机组种类数、负荷种类数；$W_{g,\text{re}}$ 为第 g 类机组新增建设规模，$P_{\text{coal},g}$、$P_{\text{gas},g}$、P_g、P_R、D_g 分别为第 g 类机组的消耗煤炭功率、消耗天然气功率、输出功率、电制热储能功率、弃能功率；$c_{g,\text{re}}$ 为第 g 类机组单位建设成本，c_{coal}、c_{gas}、$c_{\text{L},n}$ 分别为煤炭单位成本、天然气单位成本、第 n 种用能负荷的单位缺能成本；$c_{\text{V},g}$、$c_{\text{E},g}$、$c_{\text{D},g}$ 分别为第 g 类机组单位可变运维成本、单位排放成本、单位弃能成本；r_z 为折现率。

随着我国碳交易市场的建设与推广，未来机组的单位排放成本不仅与硫化物、氮化物和粉尘等常规污染物的排放强度直接相关，更与二氧化碳的排放水平、碳税以及碳资产价值密切相关。因此，第 g 类机组单位排放成本可表示为：

$$c_{\text{E},g} = \sum_{p=1}^{3} (e_{p,g} \cdot c_{\text{E},p}) + e_{\text{c},g} \cdot (\lambda_g t_c + \mu_g v_c) \quad (3-46)$$

其中，p 代表第 p 种污染物；$e_{p,g}$、$e_{c,g}$ 分别为第 g 类机组第 p 种污染物的排放系数、二氧化碳的排放系数；$c_{E,p}$ 为第 p 种污染物的单位排放成本；t_c、v_c 分别为二氧化碳的碳税、单位碳资产价值；λ_g、μ_g 分别为碳税、碳交易市场的计入系数，为 0 时代表不计入碳税、碳交易市场，为 1 时代表计入碳税、碳交易市场。

碳资产价值评估主要有现金流折现法和实物期权法两种，实物期权法充分考虑了影响碳资产价值的不确定性因素，可用于对当前的碳资产价值进行评估。布莱尔—舒尔斯模型（B－S 模型）基本假设是项目价值流遵循一般几何布朗运动，忽略投资者风险偏好，剔除决策者的效用函数，依赖易于观察的变量开展期权价值评估，是应用广泛的实物期权法之一。因此，碳资产价值可表示为：

$$
\begin{cases}
v_c = N(d_1)S - N(d_2)Ee^{-rT} \\
d_1 = \dfrac{\ln(S/E) + (r + \sigma^2/2)T}{\sigma\sqrt{T}} \\
d_2 = d_1 - \sigma\sqrt{T}
\end{cases}
\tag{3-47}
$$

其中，S、E 分别代表期权的当前价格、行权价格，r、σ 分别代表无风险利率、连续复利年收益的标准差，T 代表期权到期期限，$N(d)$ 代表从标准正态分布中抽取的随机变量小于 d 的概率。

根据国际碳交易市场推广历程来看，未来碳资产价值将极大提升。若园区综合能源规划周期较长，当前阶段的碳资产价值将能够准确衡量未来碳资产价值，因此结合国际主要国家碳资产价值变化数据，模型中应用 BP 神经网络算法等对未来碳资产价值进行数据拟合，并基于当前碳资产价值得到未来碳资产价值。

（七）约束条件

（1）供需平衡约束表达公式如下：

$$\sum_{g=1}^{G} P_{g,n,t} + (P_{o,n,t} - P_{in,n,t}) - P_{loss,n,t} = P_{load,n,t} + P_{n,t} \quad (3-48)$$

其中，$P_{g,n,t}$、$P_{o,n,t}$、$P_{in,n,t}$、$P_{loss,n,t}$、$P_{load,n,t}$、$P_{n,t}$分别为 t 时刻第 n（$n=$ 1、2、3，分别代表冷、热、电）种能源需求的各类供能机组出力、外送功率、受能功率、网损功率、实际负荷功率、耗能设备的耗能功率。

（2）排放约束表达公式如下：

$$\sum_{n=1}^{3} \sum_{g=1}^{G} W_{g,n} \cdot \delta_{g,n,m} < F_{m,max} \quad (3-49)$$

其中，$W_{g,n}$、$\delta_{g,n,m}$分别为第 n 种能源需求第 g 类机组的各类供能机组一年发电量、第 m 种排放污染物的排放系数，$F_{m,max}$为第 m 种排放污染物的最大排放量。

（3）设备运行约束表达公式如下：

$$P_{g,n,min} < P_{g,n,t} < P_{g,n,max} \quad (3-50)$$

其中，$P_{g,n,min}$、$P_{g,n,max}$分别为第 g 类设备的第 n 种功率输出最小值、最大值。

（4）设备利用率约束表达公式如下：

$$T_{fa,g} > T_{fa,g,min} \quad (3-51)$$

其中，$T_{fa,g}$为第 g 类设备利用小时数，$T_{fa,g,min}$为第 g 类设备最小利用小时数。

（5）储能平衡约束表达公式如下：

储能设备最后时刻的剩余容量与初始时刻相等，即：

$$S_0 = S_{end} \quad (3-52)$$

其中，S_0、S_{end}分别为储能设备初始时刻的剩余容量和最后时刻的剩余容量。

第三节 城市能源转型综合评价模型

城市能源是我国能源发展的缩影，城市能源转型是我国能源转型在城市层面上的具体落地与实施。随着城市人民生活水平和质量的进一步全面提高，能源促进生态文明建设、社会进步和谐、人民幸福安康的作用将更加凸显。推进城市能源转型，将有利于提升城市能源安全保障能力，有效应对各种风险和突发事件，提高城市安全水平；有利于优化能源结构、提高能源效率，破解资源环境约束，全面推进生态文明建设；有利于增加基本公共服务供给，使能源发展成果更多惠及城市居民。

不同时期不同城市能源转型的方向有较大不同，因此建立城市能源转型成效评价体系的前提条件是要明确界定特定时期特定城市能源转型的目标。本节根据我国推动能源革命、建设现代能源体系的基本要求，以及前面提出的城市能源转型趋势目标，构建城市能源转型成效综合评价指标体系与评价方法，全面反映城市能源转型综合成效（见图 3 - 19）。

◼◼◼▶ 一、城市能源转型的内涵与特征

从城市能源发展的历程来看，不同时期不同城市能源转型的方向以及目标均具有不同定位与特点。21 世纪初期，城市能源发展的关键是解决能源供需平衡问题。随着我国城市高质量发展的要求不断提升，城市能源发展逐渐由追求总量向结构优化调整。目前，如何实现能源的清洁高效利用与智慧化发展成为城市能源转型的主导方向。从不同城市类型来看，我国大部分中东部的中心城市发展较为领先，已经逐步进入工业化后期，第三产业占比高于其他产业，以及城市居民对气候变化、环境宜居的追求，促使城市能源定位发生变化，由过去的粗放式供应转变为

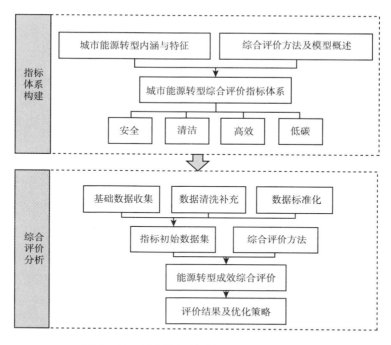

图 3 - 19　城市能源转型综合评价研究思路

总量限制与结构调整。同时，城市能源互联网以及综合能源服务等各种新的业态、新的模式不断涌现，使城市能源正逐渐成为城市新产业实现高质量发展的重要驱动力。这些城市的能源转型的方向逐渐从仅关注能源本身向与经济、社会、环境融合发展转变。统筹考虑能源、经济、社会、环境等要素是城市能源转型成效评估的主要趋势。相比较而言，中西部的中小城市当前大多仍处于工业化中期阶段，促进经济增长仍占据着绝对重要的地位，城市能源的主要功能依旧是保障城市经济社会发展需要，提供经济发展动力。

　　建立城市能源转型的成效评价体系需要结合不同时期的发展阶段以及具体城市的功能定位与发展特点进行迭代更新。构建城市能源转型成效评价模型，应明确当前我国城市能源转型的定位与方向，参考我国建立现代能源体系与城市能源高质量发展的要求，针对安全、清洁、高效、低碳等方面构建指标体系，并在此基础上综合考虑，形成科学完备的城市能源转型评价方法。

着眼未来,结合我国能源转型的方向,城市能源转型的趋势与目标是要在城市与能源协同发展的理念下,建立清洁、低碳、安全、高效、智慧的现代城市能源体系。随着数字革命与能源革命的加速融合,建设城市能源互联网将成为推动城市能源转型的重要方式,城市能源系统的智慧化升级将成为我国建设现代城市能源体系的重要抓手。

二、城市能源转型评价指标体系

(一)指标选取原则

城市能源转型评价指标体系设计应坚持导向性、可操作性、动态优化等评价原则。

(1)导向性原则。以国家政策方针、经济发展规律、能源清洁低碳发展需求为导向,体现城市能源转型的总体要求。指标体系作为一个整体系统应能够反映城市能源转型的主要特征;同时在指标要素和权重设置方面,对不同城市能源转型重点关注的方向进行倾斜,从而充分体现其引导性作用。评价结果可纵向对比,体现同一个城市在不同年度的能源转型成效,揭示该城市能源转型的效果和速度。

(2)可操作性原则。城市能源转型评价指标设计面临的问题是理论模型的合理性与数据可获得性之间的不一致性,在理论上非常理想的测度指标往往面临数据难以获得的困境。在现实中很容易获得的数据,却可能与指标设计的相关性不高。因此,评价指标的设计力求在理论科学性和数据可获得性之间取得平衡,以定量指标为主、定性指标为辅,准确反映能源转型的现实情况。

(3)动态优化原则。能源转型是一个动态发展的过程,能源基础设施的升级、能源技术的变革、数据可获得性的变更、新数据源的出现以及评价目标的调整,都会导致城市能源转型成效评价指标的动态演化。

在保持指标体系总体框架基本稳定的前提下，综合权衡能源发展的阶段态势，适时对指标进行动态补充调整，可以更加全面客观地反映能源发展状况。保持城市指标体系设计动态灵活的可变成分，有利于为不同类型城市不同时期的决策提供优化指导。

（二）指标选取

当前针对城市能源转型评价的研究逐渐从仅关注能源本身向与经济、社会、环境融合发展转变。能源、经济、社会、环境等要素统筹考虑是城市能源转型成效评估的主要趋势。例如，世界经济论坛（2020）发布的国家级别的能源转型指数（Energy Transition Index，ETI)[①]，主要由能源系统的经济性、环保性与安全性评价以及支撑国家能源转型的能力评价两部分构成（见图3-20）。这是因为一个国家的能源转型目标要同时实现支持经济发展的能源价格、安全可靠的能源供应以及能源价值链的

图3-20 世界经济论坛发布的国家能源转型指数构成

---

① ETI2020是世界经济论坛发布的年度能源系统基准系列的延续。该框架曾于2013~2017年作为能源结构绩效指数（EAPI）发布，并进行了修订，以反映能源系统转型与宏观经济、政治、监管和社会因素之间的相互依赖关系，这些因素决定了一个国家的能源转型现状与发展趋势。

环境可持续性三个方面，才能保持一个平衡的"能源三角"。由于各国能源转型有着不同的起点和独特的社会经济特征，因此要优先考虑各国具体情况开展评价。一个国家在能源转型方面的进展取决于能够在多大程度上创造一个有利环境，包括政治承诺、灵活的监管结构、稳定的商业环境、投资和创新的激励措施、消费者意识和采用新技术等因素，不限于燃料结构的线性变化，也不限于通过政策、创新或投资单方面实现的生产技术的替代。与能源系统相连的社会、经济和技术系统需要共同演变，为能源转型提供动力。

我国现代能源体系建设的基本要求是清洁低碳、安全高效，清洁与低碳、安全与高效及四个指标间有密切关系，在不同时期，不同对象范围，四个指标的重要排序和关系会有所调整。对于城市能源转型评价研究工作，也是如此。总体上，未来较长一段时期内，我国城市能源体系仍聚焦于安全、清洁、高效、低碳等四个维度。在具体维度指标的选取方面，我们将分别考虑交通能源效率、建筑用能效率等，从城市能源的消费产业、用能主体等角度综合反映城市能源转型的成效。

（1）"安全"指标方面。首先，重点关注城市具备的能源供给与保障能力。对于北京这类能源自给能力相对较弱的大型城市，应重点关注本地能源供给能力及调入能源资源通道建设情况，其中本地分布式可再生能源、生物质发电等多类能源规模的提升，在城市能源供应中的作用逐步显现，而输送通道方面应尽量避免通道过于单一，增加能源输入风险，因此选取本地能源供应占比、外来电占比及能源输送通道多元化作为考量指标。其次，城市输配系统完善及稳定程度是面向用户侧能源安全的基础设施保障，城市内电力、燃气、热力、成品油等主要能源资源系统输配能力与空间布局合理性等方面是重点考量内容。最后，考量到电能占终端消费比重的大幅提升，供电可靠性也作为城市能源安全维度的重点考量标准。

（2）"清洁"指标方面。从能源系统的生产与消费侧，分别选取"非化石能源消费占一次能源消费比重、电能占终端能源比重"等指标代表城市能源发展的清洁化程度。考虑未来城市产业结构升级，主要消费主体建筑与交通领域清洁替代和电能替代程度不断提升，因此选取清洁能源采暖占比以及交通电气化率作为城市建筑与交通产业的清洁化程度表征指标。

（3）"高效"指标方面。选取单位 GDP 能耗指标表征城市整体能源消耗与经济增长的关系。在工业能耗方面，选取六大高耗能行业单位产值能耗指标反映城市重工业的能效情况。在建筑领域，通过居民住宅、公共建筑单位面积能耗反映建筑用能整体情况。在交通领域，选取单位人千米能耗和单位吨千米能耗指标。值得注意的是，这两个指标的折算方法需要根据不同交通工具的能耗水平加以统计监测与推算，同时这两个指标也间接反映了城市交通运输结构、道路通行环境和车载率等基本情况。此外，考虑我国以煤为主的能源结构特点，选取火电发电效率和供热效率作为资源富集城市能源供应效率的代表性指标。

（4）"低碳"指标方面。我国已承诺碳排放量将在 2030 年达到峰值，努力争取 2060 年前实现"碳中和"。这为我国应对气候变化、加快能源转型提供了方向指引。目前，国内大型城市已纷纷提出碳排放峰值目标。因此，本书选取能源行业的碳排放量与碳排放强度作为城市能源低碳转型的效果性指标（见表 3-2）。

表 3-2　　　　　　　城市能源转型成效综合评价指标体系

一级指标	二级指标	注释
安全	能源输送通道的多元化	城市调入能源资源的通道分散化
	本地能源供应占比	本地一次能源供应量/一次能源消费量
	外来电占比	外来电量/全社会用电量
	城市能源输配系统的完备性	城市电力系统、燃气系统、热力系统及成品油供应系统的输配能力及设施空间布局
	供电可靠性	实际供电时间/统计期全部供电时间
清洁	非化石能源占能源消费总量比重	非化石能源消费量/能源消费总量
	电能占终端能源消费比重	终端电能消费量/终端能源消费总量
	清洁能源采暖占比	清洁能源采暖量/采暖供热能耗量
	交通电气化率	交通用电量/交通总体用能量

续表

一级指标	二级指标	注释
高效	单位 GDP 能耗	能源总消费量/城市经济总量
	单位住宅建筑面积能耗	城市住宅能耗总量/城市住宅建筑总面积
	单位公共建筑面积能耗	城市公共能耗总量/城市公共建筑总面积
	重点高耗能行业单位产值能耗	高耗能行业/高耗能行业产值总额
	单位人千米能耗	旅客运输用能/人周转量
	单位吨千米能耗	运货用能/货物周转量
	火电发电效率	发电量/发电标准煤量
	供热效率	供热量/供热标准煤量
低碳	能源行业碳排放量	城市消费的各类化石能源碳排放量总和
	能源行业碳排放强度	能源行业碳排放量/城市经济总量

三、城市能源转型综合评价方法

城市能源转型综合评价是针对城市未来不同能源转型路径开展安全、清洁、高效及低碳等多维度的客观、全面的分析。其中，数据的无量纲化处理方法及权重确定方式是城市能源转型评价方法的关键。

（一）数据无量纲化处理方法

考虑各项指标的量纲不同，为进行多维度指标的横向与纵向比较，对各项指标数据采取无量纲归一化处理。对于效益型指标（指标取值越大越好），采取"指标数据取值与最小值之差/数据最大值与最小值之差"的处理方式；对于成本型指标（指标取值越小越好），采取"数据最大值与指标数据取值之差/数据最大值与最小值之差"的处理方式。

（二）权重确定方法

在传统的层次分析法中，根据专家对不同指标或者方案进行两两判断从而得到一个确定性的判断矩阵，并通过最大特征值对应的特征向量得到指标权重，但评价结果通常具有一定主观性，客观性难以保证。相比较而言，熵权法通过信息熵大小确定指标在评价过程中的贡献程度，对指标数据利用率较高，评价结果具有很好的客观性。因此，本书采用熵权法对评价指标进行赋权。

针对决策矩阵 $A = (x_{ij})_{nm}$，其中 x_{ij} 为第 j 项指标对应第 i 个方案的指标值，则该指标值对应的特征比或贡献度值 p_{ij} 可通过下式获得：

$$P_{ij} = \frac{x_{ij}}{\sum\limits_{i=1}^{n} x_{ij}} \qquad (3-53)$$

则第 j 项指标的熵值 e_j 可通过下式计算得到：

$$e_j = -k \sum_{i=1}^{n} p_{ij} \ln p_{ij} \qquad (3-54)$$

其中，熵值 e_j 值体现所有方案对第 j 个指标的贡献值总量情况；常数 k 取值通常为 $k = 1/\ln n$，以此保证 $0 \le e \le 1$；如果某指标属性下各方案对应贡献度趋向一致，则 e_j 将趋向 1。对于贡献度值趋向一致的情况，表明指标属性对决策过程的贡献度作用不显著，尤其当全部相等时，可将该目标属性权重设置为 0。

基于指标 x_j 熵值，计算其差异性系数 g_j：

$$g_j = 1 - e_j \qquad (3-55)$$

其中，g_j 值表示第 j 项指标对应各方案贡献度差异化程度。由上式可知，对指标重视程度与值成正相关关系。

通过归一化，计算指标权重系数 w_j：

$$w_j = \frac{g_j}{\sum\limits_{j=1}^{m} g_j} \qquad (3-56)$$

第四节　北京能源系统优化模型设计

鉴于城市能源技术模型是本章构建的一体化城市能源规划决策支持系统的核心模块，本节重点介绍基于 U-TIMES 模型构建的北京能源系统优化模型 BJ-TIMES。

BJ-TIMES 模型以北京参考能源系统为基础，对能源系统从能源开采到加工、转换、输配到终端用能的各种技术细节进行详细描述（见图 3－21）。参考能源系统是一个区域实际能源系统在物理层面的反馈，反映了一个完整能源系统从一次能源开采到加工转换以及终端利用的全过程。本节结合近几年北京市统计年鉴相关数据，尽可能详尽刻画北京能源系统的各类能载体和能源技术。

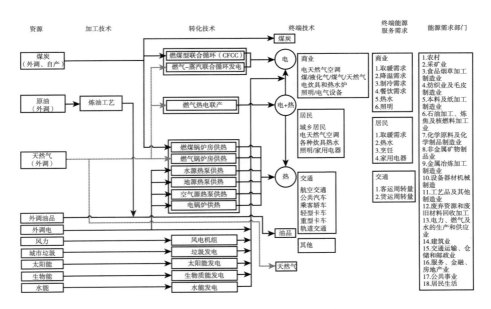

图 3－21　北京市参考能源系统示意

一、能载体等产品种类

参考北京市统计年鉴中的能源平衡表，本模型共考虑 10 种能载体，包括原煤、原油、天然气、风能、太阳能、水能等一次能源，油制品、电力、热力等二次能源，以及其他能源（主要包括生物质能、回收能、太阳能热利用等）。除此之外，模型还考虑二氧化碳、二氧化硫、氮氧化物等环境变量类型（见图 3 - 22）。

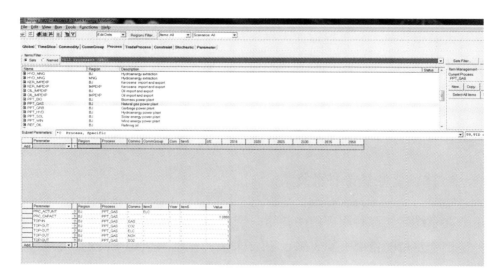

图 3 - 22　BJ-TIMES 模型界面示意

二、能源开采技术

北京本地生产的一次能源仅有原煤、水电、风电、太阳能发电等一次电力以及生物质能等其他能源，其余主要依靠进口或外省市调入（本模型中统一定义为调入）。因此本模型中的开采技术仅包括煤炭开采技术，并综合考虑煤炭调入、原油调入、油制品调入、天然气调入、热力调入及电力调入技术。

━━━▶ 三、能源加工转换技术

北京现存的能源加工技术主要为炼油，投入为原油，产出为汽油、煤油、柴油等油制品。

能源转换技术主要包括发电和供热。发电技术又细分为燃煤热电联产（华能热电厂煤电机组作为备用煤电机组）、燃气发电、燃气热电联产、燃油发电、常规水电、抽水蓄能发电、风电、太阳能发电和其他能源发电（主要含生物质能发电和城市垃圾发电）。

北京市供热主要包括以四大燃气热电中心、燃气调峰锅炉为主力热源的中心供热大网直接供热和区域集中式锅炉供热（包括燃煤锅炉、燃气锅炉、燃油锅炉、集中式电供暖），以及分散式分户采暖等供热方式（包括燃气壁挂炉、空气源热泵及蓄热式电暖器）。其中分散式分户采暖技术在能源终端利用技术中进行刻画。

━━━▶ 四、能源终端利用技术

北京终端能源利用部门中，第一产业和第二产业能源消费量占终端能源消费总量的比例不到30%，预计未来占比也将呈现下降趋势，因此模型中对农业和工业的终端利用技术采取虚拟的能源终端利用技术进行刻画，反映能源的输出与输入关系。模型中重点对第三产业和生活消费的终端能源利用技术进行详细刻画。首先按照公用建筑、住宅建筑和交通用能的分类进行技术刻画，再根据用能类型以及相关折算系数换算得到第三产业和生活消费的终端用能。

公用建筑的能源服务需求主要包括供暖、制冷、餐饮、热水、照明及其他电器用电需求。供暖主要考虑集中供暖，制冷考虑天然气和电制冷空调技术，炊事考虑天然气灶和电厨炊技术，热水考虑电热水器和天然气壁挂炉技术，照明及其他电器统一考虑为用电技术。

住宅建筑的能源服务需求主要包括供暖、炊事、热水、照明及其他电器用电需求，供暖考虑集中供暖和分散供暖技术，炊事考虑天然气灶和电厨炊技术，热水考虑电热水器和天然气壁挂炉技术，照明及其他电器统一考虑为用电技术。

交通部门的能源终端利用技术按照货运和客运进行划分，具体包括航空、铁路、公路和管道等四种类型，在本书后面的交通专题中进行详细介绍。

第四章 "碳中和" 愿景下北京能源发展展望及减排路径研判

第一节 情景设计

情景设计体现了"碳中和"愿景下北京城市能源转型发展的路径选择问题。北京市政府早在 2001 年印发的《北京市能源结构调整规划》中就已经确定了其能源转型的总体路径，即大力引进和发展清洁能源，将当时以原煤为主的污染型能源结构逐步转变为以天然气、电力等优质能源为主的清洁型能源结构，与此同时加强高新技术的推广应用，提高能源利用效率。

在能源转型的不同发展阶段，对具体路径的选择要综合考虑不同阶段能源发展面临的现实情况，包括城市阶段定位、各种替代能源的供应能力、经济性及产业发展情况、市场需求以及技术进步与应用情况等。在北京过去的能源转型不同发展阶段中，天然气、电力以及其他清洁能源对煤炭的替代力度与速度呈现出了不同的变化特点。

"十四五"开局之年，北京市已为落实国家"碳达峰、碳中和"战略做出总体部署，在《北京市国民经济和社会发展"十四五"规划和二〇三五年远景目标》和 2021 年北京市政府工作报告中均对未来"碳中和"工作提出了明确规划，要求"'十四五'期间碳排放稳中有降，'碳中和'迈出坚实步伐，为应对气候变化做出北京示范""碳排放率先达峰后持续下降"。城市减量发展、高质量发展是北京实现碳减排和迈向"碳中和"的有利条件，同时依托全国科技创新中心的战略优势，北京在全国

"碳达峰、碳中和"行动中实现率先突破成为可能。当前北京市正在研究制定"'碳中和'行动纲要",据《人民日报》报道,北京市提出的"碳中和"时间为 2050 年,将比全国的目标提前十年,率先实现"碳中和"[①]。

展望未来,在北京"减煤"工作已经取得显著成效的基础上,面对城市"减量集约"及"碳中和"发展目标,仍需加大节能力度,控制油品等高碳能源利用,加速能源的脱碳化转型。由于天然气利用仍会产生一定的碳排放,且其资源供应存在不确定性,"碳中和"愿景下未来北京能源转型的总体思路是实现电力供应脱碳化和能源消费电气化,需进一步大力推进"减油、少气、绿电",加大终端能源消费中油气等化石能源向电能以及氢能等清洁能源转移,同时不断提高本地电力供应中非化石能源发电和外购电中绿电比重。

能源行业实现"碳中和",指能源行业化石燃料燃烧等产生的二氧化碳排放总量,通过森林、海洋等的碳吸收活动及人为的碳捕捉等减排形式实现抵消。而城市层面实现"碳中和"的措施还包括通过跨城市间的碳市场交易获得碳配额。因此,"碳中和"目标年北京市能源行业自身的碳排放空间主要取决于由森林碳汇、CCUS 技术可用空间及跨区域碳市场交易规模等共同决定的综合减碳潜力。

"碳中和"愿景下,鉴于森林碳汇潜力、CCUS 技术空间及跨区域碳交易市场建设等减碳潜力尚不明确,存在较大的不确定性,本书以 2050 年为实现"碳中和"目标年,根据 2050 年能源系统自身碳排放空间的高低,设置高碳和低碳两种"碳中和"情景。两种情景的共同点是:供给侧大力开发本地新能源和可再生能源,大幅提高外来绿电比重,构建多元化清洁能源供应体系;需求侧坚持节能增效和控制能源消费总量,加速建筑和交通等领域终端用能的低碳化替代进程。两种情景的不同点在于 2050 年能源利用产生的碳排放约束不同。

森林碳汇方面。根据调研,截至 2019 年,北京市森林面积约 79 万公

---

① 《北京:碳达峰顺利完成,碳中和目标明确》,载于《人民日报》2021 年 6 月 15 日。

顷，活立木蓄积量约 2306 万立方米，每年可提供林业碳汇 350 万吨。未来受空间约束，碳汇提升潜力相对有限，初步估计 2050 年可提供林业碳汇 500 万吨左右。

碳交易市场建设方面。北京市碳减排工作启动较早，是 2011 年全国碳交易市场首批试点省市之一，形成了较为完善的碳交易法规政策和标准体系，覆盖了 7 个重点行业共 800 多家单位。随着全国统一的碳市场体系的不断完善，不同区域不同行业之间的配额可以实现灵活交易。由于跨区域的碳交易市场潜力与全国碳市场顶层设计、碳价、碳配额分配方案、地区经济发展水平等多个因素相关，目前尚无较多实际经验数据可以参考，初步按 2050 年跨区域碳交易减排潜力上限 200 万吨作为情景设计的边界。

CCUS 技术潜力方面。CCUS 作为新兴的减排技术，是践行低碳发展战略的必然技术选择，对实现"碳中和"至关重要。CCUS 技术主要的产业链由四部分组成，即二氧化碳的捕集、运输、封存和利用。预计 2035 年后，CCUS 技术成本显著下降，可实现大规模商业化应用。北京市 CCUS 技术主要可应用在发电和集中供热领域，可利用潜力主要受封存条件约束，初步预计 2050 年潜力上限在 1500 万吨左右。

综上所述，不同情景的具体描述如表 4-1 所示。其中，高碳情景以上述综合减碳潜力上限为约束；低碳情景下，考虑各类型减碳潜力在高碳情景基础上下降 30% 左右，森林碳汇与碳交易减碳潜力从 700 万吨下降至 500 万吨，CCUS 技术潜力从 1500 万吨下降至 1000 万吨。

表 4-1　　　　　　　　　　　不同情景描述

情景名称	情景共同点	不同情景差异（万吨 CO_2）		
		碳汇＋碳交易减碳空间	CCUS 技术减碳空间	能源利用碳排放约束
高碳情景	供给侧大力开发本地新能源和可再生能源，大幅提高外来绿电比重，构建多元化清洁能源供应体系；需求侧坚持节能增效和控制能源消费总量，加速建筑和交通等领域终端用能的低碳化替代进程	700	1500	2200
低碳情景		500	1000	1500

第二节　主要边界条件

一、国家相关政策要求

北京市能源主管部门制定并出台了若干关于北京市能源发展规划或相应政策文件，对北京未来不同发展阶段的能源总量、结构等发展方向做了较明确的规划，这些规划要求将作为边界条件在分析模型中进行综合考虑。

（1）能源消费总量：强化建筑、交通、工业等领域的节能减排和需求管理，2035年能源消费总量进入达峰平台期，力争控制在9000万吨标准煤左右。

（2）优质能源消费占比：因地制宜开发本地新能源和可再生能源，积极引进外埠清洁优质能源，提供更稳定安全的能源供应保障，努力构建以电力和天然气为主，地热能、太阳能和风能等为辅的优质能源体系。到2035年新能源和可再生能源占能源消费总量比重达到20%。

（3）碳排放：加强碳排放总量和强度控制，提升城市系统碳汇能力。"十四五"期间碳排放稳中有降，"碳中和"迈出坚实步伐，到2035年碳排放率先达峰后持续下降，为应对气候变化做出北京示范。

（4）大气污染物控制："十四五"期间，主要污染物排放总量持续削减，基本消除重污染天气；大气环境质量到2035年得到根本改善，到2050年达到国际先进水平。

（5）控制燃煤污染物排放：全面推进燃气锅炉低氮燃烧改造工程，以煤改气、煤改电等方式，推进各类燃煤设施和农村地区散煤采暖的清洁能源改造，到2035年全市基本实现无煤化。

（6）推进交通领域污染减排：坚持机动车总量控制，鼓励发展新能源汽车。提高新车排放标准和车用油品标准，发展低排放公共交通，严格管控重型柴油货运车，有序淘汰高排放老旧机动车。

（7）清洁供暖比例：提升供热能力，完善热电气联调联供机制，保障城市能源系统安全稳定运行。扩大区域能源合作。中心城区以城市热网集中供热、燃气供热为主，新能源和可再生能源供热为补充，实现供热无煤化。中心城区以外地区新建供热设施以燃气供热为主，鼓励发展清洁能源、新能源和可再生能源供热。到 2035 年全市清洁能源供热比例达到 99% 以上。

（8）电力相关规划：促进北京与河北新能源基地合作共建，建设西北、南部方向绿色电力输送通道。加强西电东送、北电南送通道建设。到 2035 年全市电力负荷达到 4000 万千瓦左右，电网总供电能力达到 5450 万千瓦。

▪▪▪▶ 二、人口总量控制

总体来看，近年来北京市在控制人口规模、促进人口与资源环境协调发展方面取得了较好的效果。自 2017 年以来，北京市常住人口规模呈现"三连降"后于 2020 年略有回升，2020 年北京市常住人口规模总量为 2189.3 万人，比上年增长 1.66%，近年来北京常住人口变化趋势如图 4-1 所示。

北京城市总体规划提出，按照以水定人的要求，根据可供水资源的人均水资源量，确定北京市常住人口规模到 2020 年控制在 2300 万人以内，2020 年以后长期稳定在这一水平。根据北京各行政区发布的分区规划中"规划人口"的统计，2035 年北京常住规划总人口规模将达到 2267 万人，基本满足北京城市总体规划要求的"2300 万人以内"的常住人口总控目标。因此，本书在对北京中长期能源发展展望中，设定以人口总量 2300 万人为边界条件。

▪▪▪▶ 三、经济发展趋势预测

长远来看，北京经济稳中向好、长期向好的发展趋势不会改变，但

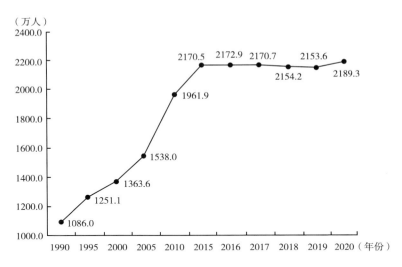

图4-1 北京市常住人口规模总量变化趋势

资料来源：《北京统计年鉴2021》。

增长速度将逐步放缓。党的十九大报告确定了全面建成小康社会后的
"两步走"发展战略，供给侧结构性改革、乡村振兴、创新驱动、京津冀
协同发展等战略，将推动北京经济发展质量变革、效率变革和动力变革，
提高全要素生产率。采用城市能源经济模型进行北京"十四五"时期及
中长期经济发展预测，预测结果如图4-2所示。考虑疫情等因素影响，
预计"十四五"期间北京GDP年均增速约为5.0%，2025～2035年北京
GDP年均增速约为4.5%，2035～2050年北京GDP年均增速约为2.6%。

经济结构持续优化，产业结构向"高精尖"发展。随着科技创新在经
济发展中的引领作用加强，将推动战略性新兴产业、高技术制造业产值比
重不断提高，加快传统产业转型升级；推动服务业特别是现代服务业成长
壮大，推进信息网络技术广泛运用，以金融业、信息服务业、商务服务业、
科技服务业等为主的现代服务业占第三产业的比重持续提高。"十四五"时
期及中长期，北京产业结构将加快调整，服务业占比大幅提升，到2025年
高精尖产业占GDP比重将由25.8%提高到30%以上。预计2025年、2035
年北京第三产业比重将分别达到85.3%和90.0%（见图4-3）。

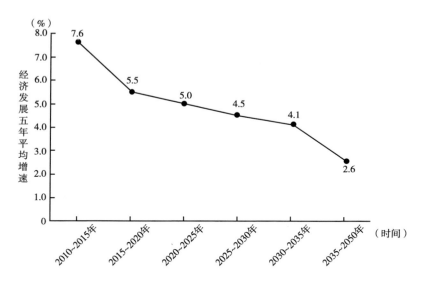

图 4-2 北京市分阶段 GDP 增速预测

资料来源：《北京统计年鉴 2021》。

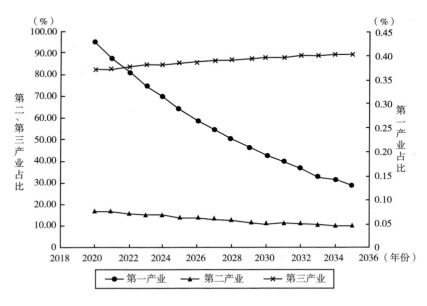

图 4-3 北京市三次产业结构预测

第三节 能源发展趋势总体展望

一、能源需求总量保持低速增长态势，2030年左右达到峰值，达峰后稳中有降

随着北京经济社会绿色化、低碳化转型的深入推进，能源需求总量增速将呈现缓慢递减趋势，2030年左右达到峰值，峰值水平约8600万吨标准煤，2050年能源需求总量下降至与2019年基本持平。协调北京城市发展与资源能源利用、环境质量改善和共同应对气候变化的关系，需持续控制能源消费总量，预计2030年左右北京能源需求达到峰值，高碳情景下和低碳情景下，峰值水平分别为8600万吨和8400万吨标准煤左右。达峰后能源需求总量在2035年处于达峰平台期，2035年后稳中有降，且下降速度逐渐加快，低碳情景下2050年能源需求总量下降至与2019年基本持平，高碳情景下2050年能源需求总量相比低碳情景增加1.5%。高碳和低碳情景下北京能源需求总量预测结果如图4-4所示。

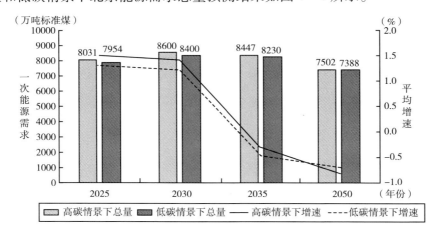

图4-4 北京市一次能源需求总量变化趋势预测

▪▪▪▪➡ 二、能源需求部门结构进一步优化，服务型、都市型的能源需求特征更趋明显

随着北京非首都功能的大力疏解和产业结构的不断优化调整，终端能源需求将继续向第三产业和居民生活消费领域转移。第二产业终端能源需求占比稳步下降，2050 年占比下降至 5.5% 左右；需求增长动力以第三产业为主导，2050 年第三产业终端能源需求占比达到 67% 左右，相比 2019 年提升 14 个百分点左右；随着 2025 年人口总量趋于饱和，生活消费终端能源需求占比保持缓慢增长态势，到 2050 年占比达到 27% 左右（见图 4-5）。

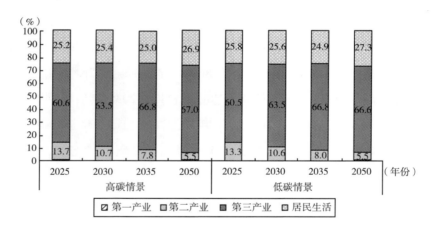

图 4-5 北京市分部门终端能源消费结构变化趋势

▪▪▪▪➡ 三、能源结构持续优化调整，绿色发展成效更加巩固

北京终端能源消费中电力、氢能等清洁能源占比不断增加，在巩固煤炭替代成效基础上，加大对终端油品消耗的替代，油品消费占比大幅下降。进入"十四五"时期以后，在"减煤"任务基本完成的基础上，北京终端油品消费占比开始进入下降通道，到 2035 年占比下降至 35% ~ 37%，2019 ~ 2035 占比下降 8 ~ 10 个百分点；天然气消费占比在 2035

年前基本保持在14%左右的稳定水平。2035年后，为实现"碳中和"目标，油品消费占比和天然气消费占比均进入快速下降阶段，到2050年油品消费占比降至5%~7%，天然气消费占比降至1%~2%。与此同时，电力在终端能源消费中的比重持续提升，2050年达到58%~62%。氢能远期有望填补电能在部分高排放领域替代潜力的不足，助力能源消费侧深度脱碳，预计到2050年氢能消费占比达到15%左右。值得注意的是，随着高附加值、高时效性货类需求增加，航空货运量将可能翻番。同时，受限于航空燃油替代技术尚不明确和能效水平提升不明显，航空用能仍是未来北京能耗增长的绝对主力，因此2035年前北京石油消费占比下降速度相对较缓（见图4-6）。

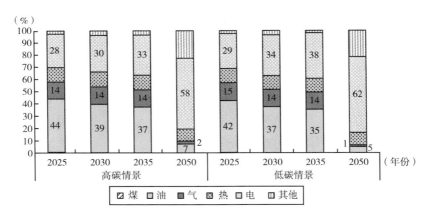

图4-6　北京市分品种终端能源消费结构变化趋势

通过大力发展本地可再生能源，增加外来电规模，逐步实现对化石能源的替代，北京能源供应结构将继续向低碳化、清洁化方向发展。当前北京能源供应以天然气和油品为主，随着能源结构进一步优化调整，少量现存煤炭还将继续压减，油品供应占比开始下降，天然气供应受气电增长饱和及气源受限等因素影响，未来增长趋势趋缓，本地非化石能源和外来电将保持快速增加趋势。到2025年，油品供应比重下降至31%~32%，电力、天然气等清洁优质能源供应比重达到63%~65%，低碳情景下天然气超越油品成为第一大能源供应品种；到2035年，基本实现

"无煤化",电力、天然气等清洁优质能源供应比重达到69%～73%,电力超越天然气成为第一大能源供应品种;到2050年电力在能源供应中的主体地位更加巩固,占能源供应的比重在60%以上(见图4-7)。

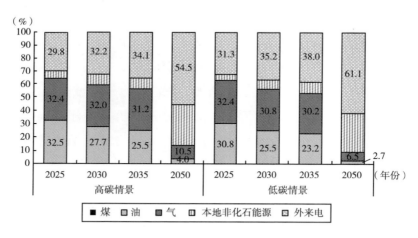

图4-7　北京市能源供应结构变化趋势

电源结构在率先实现完全清洁发电基础上继续优化,未来新增电源装机全部来自风电、太阳能发电、生物质能发电等能源发电;外来电力依然是电力供应的主体,外来电量占比保持稳步上升。2020年以后北京煤电、气电、水电等本地常规电源建设规模将基本趋于饱和,未来新增装机主要来自风电、光伏发电和生物质发电等。高碳情景下,2025年、2035年、2050年非化石能源装机比重分别提高至26%、34%、53%;低碳情景下,2025年、2035年、2050年非化石能源装机比重分别提高至28%、37%、65%。外来电在电力供应中占比未来仍会提高,2025年、2035年、2050年外来电量占比分别提高至66%、70%、80%左右(见图4-8)。

四、能源利用效率持续提高,助推城市高质量发展

随着节能减排各项工作持续推进,相关技术水平不断提高,产业结构和能源品种结构优化,能源利用效率持续提高。2019～2035年,能源

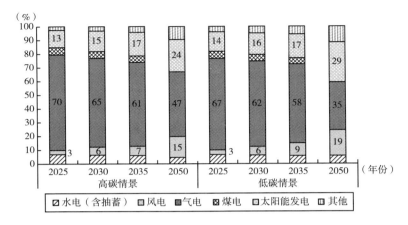

图 4 − 8　北京市电源装机结构变化趋势

消费总量年均增长 0.7% ~ 0.9%，低于同期经济年均增速 3.4 ~ 3.6 个百分点。单位 GDP 能耗持续下降，2050 年下降至 0.095 吨标准煤/万元左右，2025 年、2035 年和 2050 年单位 GDP 能耗分别在 2019 年的水平上下降 15%、42% 和 65%（见图 4 − 9）。

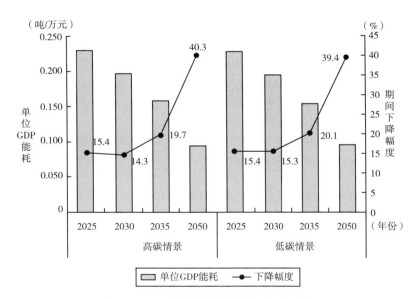

图 4 − 9　北京市单位 GDP 能耗下降趋势

第四节　分品种能源消费展望

■■■▶ 一、煤炭消费总量持续下降，2025 年前燃煤压减任务基本完成

随着农村山区清洁供暖工作的持续推进，未来煤炭消费总量将继续保持下降趋势，2025 年煤炭消费占比下降至 1% 以下，2035 年基本实现无煤化。燃煤压减一直是北京能源结构优化调整的主方向，2019 年煤炭消费总量已降至 183 万吨，"十四五"期间，将继续加大力度推进燃煤压减攻坚战，尤其是山区散煤供暖的清洁替代，实现煤炭消费总量的持续下降。预计 2025 年煤炭在一次能源消费中的占比降至 1% 以下，煤炭消费总量下降至 35 万吨标准煤以下；2035 年基本实现无煤化。

■■■▶ 二、油品消费总量于 2025 年左右达峰，此后保持稳步下降趋势

随着电动公交、电动私人汽车的普及以及货运"公路转铁路"等政策的出台，北京油品消费将在 2025 年左右达到峰值。2025 年后，油品消费总量将呈现不断下降趋势，占一次能源消费总量比重也逐渐下降，2035 年降至 23% ~ 26%。"十四五"期间，油品消费增速开始逐渐放缓，高碳情景下 2019 ~ 2025 年年均增速为 0.4%，2025 年油品消费总量达到峰值，峰值约为 1800 万吨，此后油品消费总量进入下降趋势。高碳情景下和低碳情景下，2025 ~ 2035 年，油品消费总量年均分别下降 1.9% 和 2.5%。随着油品消费总量的下降，油品在一次能源消费中的比重也呈现下降趋势，高碳情景下，2025 年、2035 年油品消费占比分别下降至 33% 和 26% 左右，低碳情景下油品消费占比相比高碳情景低 2 ~ 3 个百分点（见图 4 - 10）。

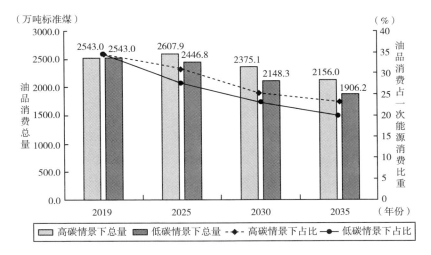

图 4 - 10 不同情景下北京市未来油品消费总量预测

三、天然气消费增速趋缓，2030 年左右增长趋于饱和

随着北京本地天然气发电装机增长饱和及燃煤锅炉天然气替代的基本完成，未来天然气消费增速将趋缓，2030 年左右进入增长饱和期。高碳情景下，2030 年、2035 年天然气消费量分别为 204.7 亿立方米、196.3 亿立方米，在一次能源消费中的占比分别为 32%、31%；低碳情景下，由于电能替代力度加大，天然气消费在 2025 年后即进入增长饱和期，2025～2030年年均增速为 0.2%，2030 年、2035 年天然气消费量分别为 193.5 亿立方米、185.0 亿立方米，在一次能源消费中的占比分别为 31%、30%（见图 4 - 11）。

四、电力消费保持稳步增长趋势，是能源供应和消费的主体

未来随着服务业的高质量发展和居民生活水平的提升，北京用电量需求还将保持稳步增长，2035 年电力占终端能源消费比重将达到 33%～38%。高碳情景下，2025 年、2035 年电力需求分别为 1349 亿千瓦时、1650 亿千瓦时，在终端能源消费中的占比分别为 28%、33%，2025～2035 年电力需求年均增速为 2.0%；低碳情景下，2025 年、

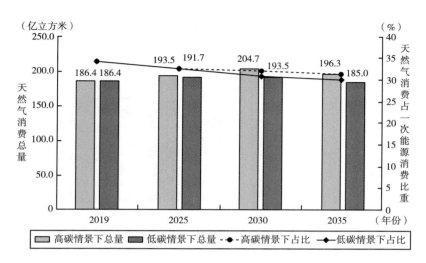

图 4 – 11　不同情景下北京市未来天然气消费量预测

2035 年电力需求分别为 1385 亿千瓦时、1750 亿千瓦时，在终端能源消费中的占比分别为 29%、38%，2025 ~ 2035 年电力需求年均增速为 2.4%（见图 4 – 12）。

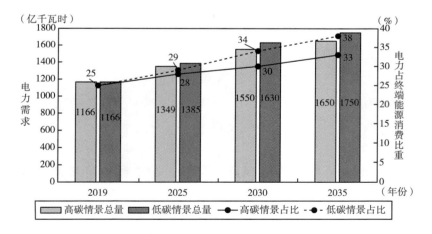

图 4 – 12　不同情景未来北京市用电量需求预测

"十四五"期间，北京全社会用电量增幅空间将受到新冠肺炎疫情的长期影响。从人均用电量来看，高碳情景下，2025 年、2035 年人均用电量分别达到 6130 千瓦时、7280 千瓦时，相比 2019 年分别增加 720 千瓦时、1860 千瓦时；低碳情景下，2025 年、2035 年人均用电量分别达到 6300 千瓦时、7720 千瓦时，相比 2019 年分别增加 880 千瓦时、2300 千瓦时。低碳情景下，北京 2035 年人均用电量水平将近似达到日本和法国等国家当前人均用电量水平，当前主要国家人均用电量水平如图 4-13 所示。

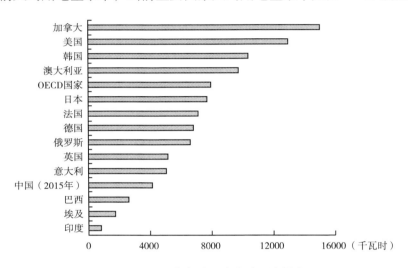

图 4-13　2015 年部分国家人均用电量水平

资料来源：《能源数据简明手册 2018》。

五、热力消费增速逐渐下降，消费总量在 2025~2030 年达到峰值，居民生活热力消费占比逐步提升

随着供热系统节能改造及建筑节能的持续推进，加之人口总量逐渐趋于饱和，热力需求增速将不断下降，2025~2030 年基本达到峰值，占终端能源消费总量的比重保持在 11%~12% 的水平。工业和建筑用热需求是热力消费的两大主体，以"三产"和居民生活为主的建筑用热占北京热力消费总量的 70% 以上。未来随着节能建筑面积的增加及节能措施的增强，城市建筑单位面积采暖能耗将不断降低，带来热力需求的下降，低碳情景下热力需求下降速度更快。低碳情景下，预计 2025 年、2035 年

热力需求分别为 19194 万百万千焦、17625 万百万千焦，占终端能源消费比重分别为12%、11%，其中居民生活领域热力需求占比分别达到30%、39%，是未来热力需求增长的主要来源（见图 4 - 14）。

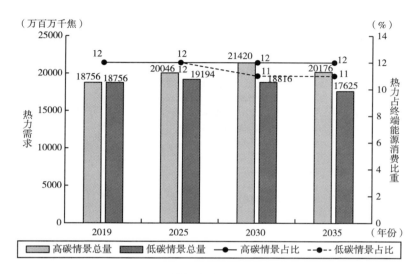

图 4 - 14　不同情景未来北京市热力需求预测

━━▶ 六、氢能 2025 年后应用加速，尤其是在交通领域替代逐步加强，2050 年占终端能源消费比重有望达到 15% 左右

发展氢能是我国实现"碳中和"目标的重要抓手，也是北京能源结构优化转型、发挥科创中心价值的重要举措。北京市首批氢能重载货车已于 2021 年 8 月投入短途运输，开创了首都氢能重卡示范应用先例。《北京市氢能产业发展实施方案（2021 - 2025 年）》提出，"十四五"期间，以冬奥会等示范项目为依托，驱动京津冀氢能产业协同发展，重点在交通运输和分布式供能领域推广应用，到 2025 年具备氢能产业规模化推广基础，燃料电池汽车累计推广量突破 1 万辆，全市氢燃料电池汽车及燃料电池发电系统用氢量达到 135 吨/天。2025 年后氢能应用加速，尤其是在交通领域将广泛应用于城市公共交通、物流运输、重卡货运甚至航

空、航运等场景；2050年氢能占终端能源消费比重有望达到15%左右。

第五节 分部门能源消费展望

━━▶ 一、第一产业能源消费总量保持递减趋势，2035年终端电气化水平超过85%

随着北京农业规模的不断缩减，第一产业能源消费总量总体呈现逐年下降趋势，未来仍将保持继续下降趋势。高碳情景下，2025年、2035年第一产业能源消费量分别下降至38.2万吨标准煤、31.6万吨标准煤；低碳情景下，2025年、2035年第一产业能源消费量分别下降至35.2万吨标准煤、21.7万吨标准煤，两种情景下2035年第一产业能耗占能源消费总量的比重均从当前的0.8%下降至0.4%左右（见图4-15）。

随着现代化都市型农业建设步伐加快，北京第一产业能源消费结构

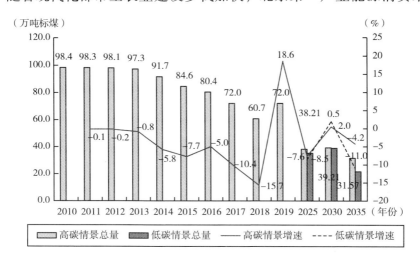

图4-15 北京市第一产业能源消费量及增速变化预测

资料来源：《北京统计年鉴2021》。

不断优化，第一产业终端能源消费的电气化水平不断提升，2035 年电气化水平将达到 86% 左右。第一产业能源消费主要品种为电力，2019 年第一产业终端能源消费中电力占比达到 73%，其余为煤炭和油品。高碳情景下，2025 年、2035 年第一产业电气化水平将分别提升至 82%、86%，相比 2019 年分别提高 9 个和 13 个百分点；低碳情景下，2025 年、2035 年第一产业电气化水平将分别提升至 84%、86%（见图 4 - 16）。

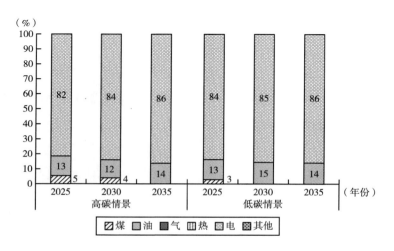

图 4 - 16　北京市第一产业终端能源消费结构预测

二、第二产业能源消费总量显著下降，工业生产更加清洁化，2035 年终端电气化水平达到 35% ~ 39%

随着北京产业结构的加快调整，高耗能产业规模不断下降，高技术制造业比重不断上升，第二产业能源消费总量下降趋势显著，2035 年占能源消费总量中的比重下降至 8% 左右。高碳情景下，2025 年、2035 年第二产业能源消费量分别下降至 1388 万吨标准煤、1013 万吨标准煤；低碳情景下，2025 年、2035 年第二产业能源消费量分别下降至 1354 万吨标准煤、1005 万吨标准煤，两种情景下 2019 ~ 2035 年第二产业能源消费量年均下降 4% 左右（见图 4 - 17）。

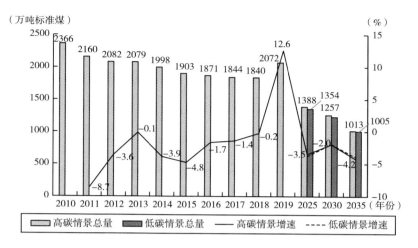

图4-17 北京市第二产业能源消费量及增速变化预测

资料来源:《北京统计年鉴2021》。

在工业生产清洁化趋势推动下,第二产业能源消费结构持续优化,2035年第二产业终端能源消费的电气化水平达到35%~39%。第二产业终端能源消费主要品种为油品和电力,2019年第二产业终端能源消费中油品占比达到40%、油品为27%。高碳情景下,2025年、2035年第二产业电气化水平将分别提升至31%、35%,相比2019年分别提高4个和18个百分点;低碳情景下,2025年、2035年第二产业电气化水平将分别提升至33%、39%(见图4-18)。

三、第三产业能源消费量稳步增长,交通领域油品消费替代进程加快,2035年终端电气化水平达到50%~55%

随着信息、科技、金融等现代服务业的快速发展,北京第三产业能源消费量稳步增长,2035年第三产业能耗占能源消费总量的比重上升至67%左右。高碳情景下,2025年、2035年第三产业能源消费量分别增加至4665万吨标准煤、5393万吨标准煤;低碳情景下,2025年、2035年第三产业能源消费量分别增加至4606万吨标准煤、5245万吨标准煤,两

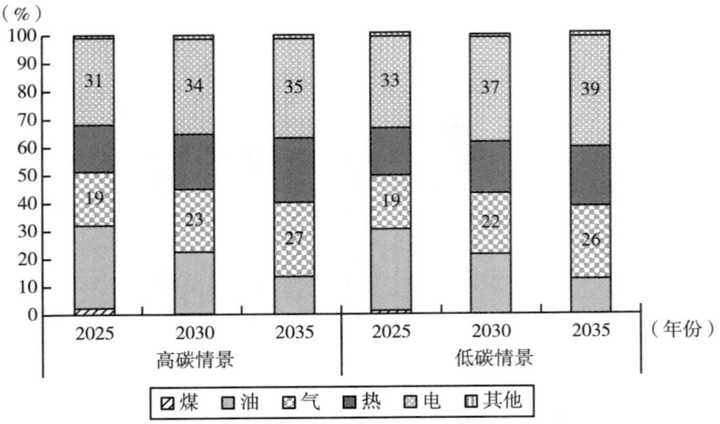

图 4－18 北京市第二产业终端能源消费结构预测

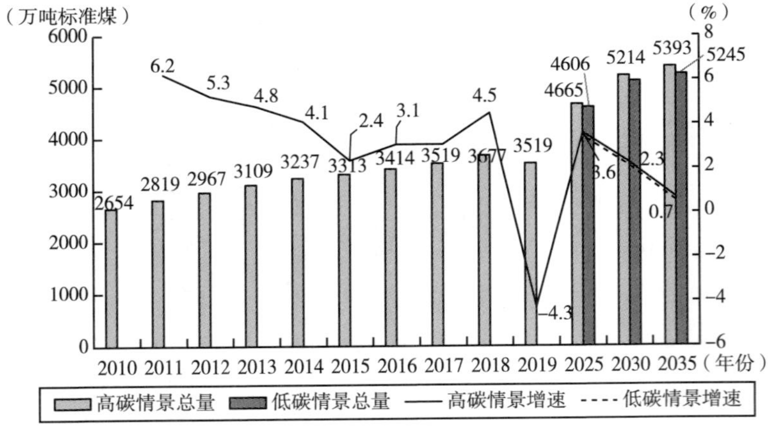

图 4－19 北京市第三产业能源消费量及增速变化预测

资料来源：《北京统计年鉴 2021》。

种情景下 2019～2035 年第三产业能源消费量年均增速分别为 2.7% 和 2.5%，比全市能源消费总量增速高 1 个百分点左右（见图 4－19）。

随着北京交通领域油品消费替代进程加快及现代化服务业对用电需求的增加，电力在第三产业能源消费中的比重不断提升，2035 年第三产业终端能源消费的电气化水平将达到 31%～36%。第三产业能源消费主要品种为油品和电力，2019 年第三产业终端能源消费中油品占比 48%，电力占比 24%。高碳情景下，2025 年、2035 年第三产业电气化水平将分别提升至 26%、31%，相比 2019 年分别提高 2 个和 7 个百分点；低碳情景下，2025 年、2035 年第三产业电气化水平将分别提升至 28%、36%（见图 4 – 20）。

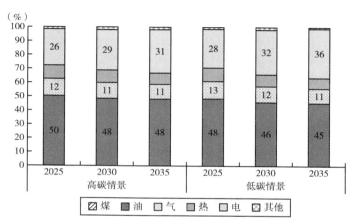

图 4 – 20　北京市第三产业终端能源消费结构预测

▪▪▪▪➡ 四、居民生活能源消费总量 2030 年以后趋于饱和，是电气化水平提升幅度最大的部门，2035 年终端电气化水平达到 37% ~ 43%

随着北京城乡居民人均用能水平的提升，居民生活能源消费总量短期内保持增长，2030 年以后趋于饱和，2035 年占能源消费总量的比重约为 25%。高碳情景下，2025 年、2035 年居民生活能源消费量分别为 1942 万吨标准煤、2018 万吨标准煤；低碳情景下，2025 年、2035 年居民生活能源消费量分别为 1964 万吨标准煤、1958 万吨标准煤，两种情景下 2019 ~ 2035 年居民生活能耗年均增速分别为 1.1% 和 0.9%（见图 4 – 21）。

随着北京农村生活散煤治理及清洁能源替代工作的推进，2035 年居民生活电气化水平提高至 37% ~ 43%，是电气化水平提升幅度最大的部门。当前居民生活能源消费主要品种为油品和电力，2019 年居民生活终

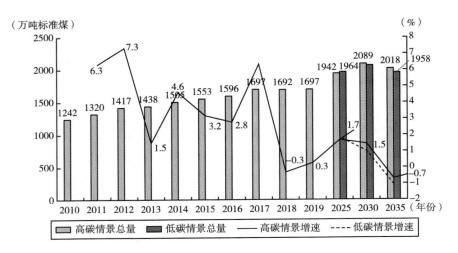

图 4-21 北京市居民生活能源消费量及增速变化预测

资料来源:《北京统计年鉴 2021》。

端能源消费中油品占比为 44%,电力占比为 23%。高碳情景下,2025 年、2035 年居民生活电气化水平将分别提升至 27%、37%,相比 2019 年分别提高 4 个和 14 个百分点;低碳情景下,2025 年、2035 年居民生活电气化水平将分别提升至 29%、43%,相比 2019 年分别提高 6 个和 20 个百分点(见图 4-22)。

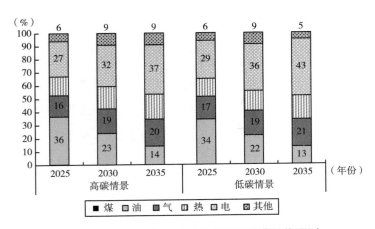

图 4-22 北京市居民生活终端能源消费结构预测

第六节 能源行业"碳中和"路径研判

一、能源行业碳排放现状

从排放历史看,北京市能源行业碳排放总量于 2012 年达到 1.60 亿吨峰值以后呈波动下降趋势。初步测算表明,北京市能源行业二氧化碳排放总量①在 2012 年达到峰值以后,2013~2016 年呈现较快下降趋势。2017 年排放总量出现小幅回升,但未超过 2012 年的峰值水平。2018~2019 年受外来绿电比例大幅提升影响,排放总量有所下降。2020 年受疫情影响,航空运输等领域的能耗和排放大幅下降,初步估算全市碳排放总量显著回落(见图 4-23)。

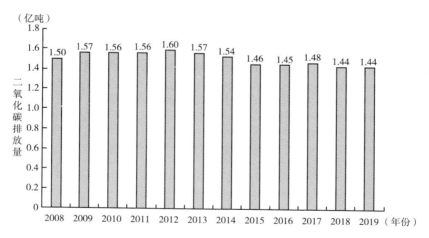

图 4-23 2008~2019 年北京市能源行业二氧化碳历史排放变化趋势

---

① 包括本地化石能源消耗产生的二氧化碳和外来电的二氧化碳排放。本地化石能源产生的碳排放根据分品种能耗总量和分品种燃料碳排放因子进行测算,外来电碳排放根据外来非绿电电量和单位煤电电量排放因子进行估算。

分能源品种看，油品取代煤炭成为当前北京市最大碳排放来源，占比为37.2%。2008年以来，煤炭产生的碳排放量及占比大幅下降，成为碳排放最少的能源品种；天然气和油品产生的碳排放量占比显著提升，分别提高了约20个和10个百分点，占比从2008年的8%和28%上升到2019年的28%和37%；外来电产生的碳排放量占比呈波动上升趋势，从2008年的27%上升到2019年的32%（见图4-24）。

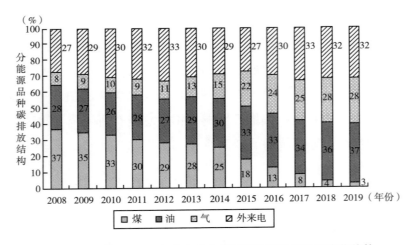

图4-24 2008~2019年北京市分能源品种碳排放结构变化趋势

分行业碳排放看，建筑行业[①]是北京市最主要的排放来源，其次是交通运输和电力热力生产行业。2019年，建筑行业碳排放量约为5680万吨，占比为39.5%；交通运输业和电力热力生产行业的碳排放量分别为3050万吨和2990万吨，占比分别为21.2%和20.8%（见图4-25）。

⚫⚫⚫➡ 二、能源行业碳排放总量变化趋势

北京能源行业碳排放达峰年份为2012年，2025年前碳排放稳中有降，2035年前碳排放持续下降，2035年后碳排放快速下降，高碳和低碳

[①] 包含统计年鉴统计口径中的服务业和居民生活。

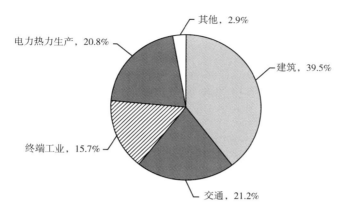

图 4-25 北京市 2019 年分部门二氧化碳排放结构

资料来源:《北京统计年鉴 2021》。

情景下 2050 年碳排放分别降至 2225 万吨和 1437 万吨,考虑碳吸收潜力后可实现"碳中和"目标(见图 4-26)。

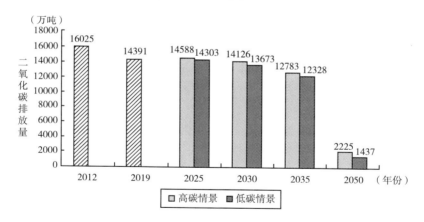

图 4-26 北京市能源行业碳排放总量预测

"十四五"初期,随着疫情得到有效控制,碳排放总量相比 2020 年会呈现小幅回升趋势,但随着能源结构的进一步优化调整及外来绿电占比的提高,预计"十四五"期间碳排放稳中有降,碳排放最大值不会超过 2012 年的 1.6 亿吨排放峰值,2025 年碳排放量为 1.4 亿吨左右。

2025 年以后，能源行业碳排放下降速度总体呈现先慢后快的趋势。2025～2035 年，碳排放呈现持续下降趋势，碳排放下降幅度达到12%～14%，年均下降速度为1%～2%；2035～2050 年，碳排放呈现快速下降趋势，碳排放下降幅度达到84%～90%，年均下降速度达到11%～14%。对比不同情景，高碳情景下能源行业 2050 年碳排放约为 2220 万吨，低碳情景下对应碳排放约为 1440 万吨，考虑森林碳汇、CCUS 以及碳交易等综合碳吸收潜力，基本可实现"碳中和"目标。

从碳排放强度看，单位 GDP 碳排放不断下降，2050 年相比 2019 年下降幅度达到94%以上。不同情景下单位 GDP 碳排放均保持不断下降趋势，高碳情景下 2025 年、2035 年和 2050 年碳排放强度相比 2019 年下降幅度分别达到 22%、55% 和 95%；低碳情景下 2025 年、2035 年和 2050 年下降幅度分别达到 23%、57% 和 97%（见图 4 - 27）。

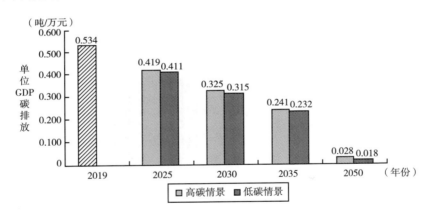

图 4 - 27　北京市单位 GDP 碳排放变化趋势预测

⋯⋯➡ 三、"碳中和"目标分阶段实现路径

基于北京市未来碳排放量的变化趋势可以看出，不同阶段碳减排速度有所不同，不同阶段碳减排的主导驱动力也不同，具体表现在："十四五"时期为"碳达峰"平台期，主要驱动力为政策先期引导；2025～2035 年是碳排放率先达峰后实现持续下降时期，也是实现城市总规确定

的各项目标时期,在此阶段城市规划基本定型,国家和北京市的"碳中和"行动方案也基本确定,碳减排的主要驱动力为政策全面引导;2035～2050年是"碳中和"时期,此阶段实现碳排放快速下降和"碳中和"目标需依托低碳技术的突破与革新,主要驱动力为技术全面革新。因此,以下将按照"十四五"时期、2025～2035年城市总体规划时期和2035～2050年"碳中和"时期三个阶段,研究各能源品种以及各行业碳减排实现路径的主要举措,并就实现"碳中和"目标的几个不确定性因素展开分析。

（一）"碳达峰"平台期（"十四五"时期）

"十四五"时期实现碳排放稳中有降和巩固"碳达峰"成效的重点在于加大本地非化石能源和外来绿电占比,继续压减燃煤消耗和控制油品消耗增速使其有序达峰。进入"十四五"时期以后,北京市将持续推进压减燃煤工作,化石能源利用增速将大大放缓,化石能源燃烧的碳排放总量呈下降趋势。同时因地制宜开发本地新能源和可再生能源,积极引进清洁优质电力,全市能源消费增量将主要由新能源和可再生能源（包括外调绿电）支撑。高碳情景和低碳情景下,新能源和可再生能源占能源消费增量的比重分别达到74%和94%。外来电在此期间增加25%～29%,导致外来电碳排放量仍保持增长。但在京津冀大气污染联防联控和举办绿色冬奥会的严格要求下,北京市外来绿电占比会显著提升,到2025年达到30%左右,外来电的碳排放因子也随之下降（见图4-28）。

（二）碳排放总量持续下降阶段（2025～2035年城市总规时期）

分能源品种减排路径看,油品和外来电排放量压减是此阶段碳减排的主要来源,分别占减排总量的55.7%和34.1%。此阶段煤炭已基本完成退出,压减燃油消耗成为碳减排的关键。高碳情景和低碳情景下,油品消费年均下降速度分别达到1.7%和2.3%,燃油消耗产生的碳排放量分别下降15.6%和20.5%;外来电继续保持增长趋势,年均增速达到

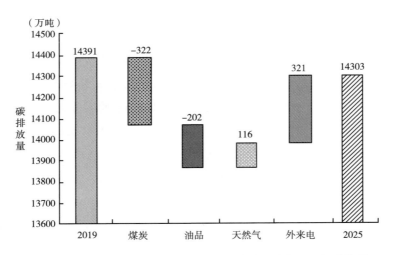

图 4 - 28   2019～2025 年北京市分能源品种碳排放变化（低碳情景）

注：图中负值标记表示碳排放减少，正值标记表示碳排放增加。

2.0% 以上，得益于绿电占比持续大幅提升至 50%，外来电排放量实现下降，下降幅度分别达到 17% 和 13%；天然气在此阶段消耗量呈现先升后降趋势，排放量总体来看基本保持平衡（见图 4 - 29）。

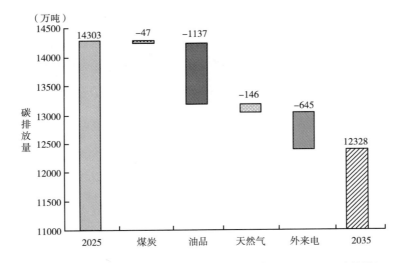

图 4 - 29   2025～2035 年北京市分能源品种碳排放变化（低碳情景）

　　分行业减排路径看，此阶段碳减排贡献最大的行业来自建筑领域和工业部门，减排量[①]分别占减排总量的45%和20%以上。北京城市总体规划提出严控建设总量和新增建筑规模，中心城区规划总建筑规模动态零增长，新建建筑100%落实强制性节能标准，推动超低能耗建筑建设，预计建筑领域能耗2030年以后趋于饱和。同时，建筑领域通过大力提升建筑电气化水平持续释放碳减排潜力，高碳情景和低碳情景下，2035年建筑领域[②]电气化水平分别达到49%和54%，相比2025年分别提高11个和14个百分点，建筑领域碳排放量分别下降34%和37%。工业部门通过持续压减产能和发展高精尖产业优化能源消费结构实现碳排放量的大幅下降，高碳情景和低碳情景下，碳排放量分别下降55%和57%。交通运输业由于出行需求的增长，能耗总量在2035年前仍保持低速增长，此期间年平均增速为1%和1.6%，且由于燃料替代的局限性，此期间碳排放量还无法实现达峰，增幅达7%和14%（见图4-30）。

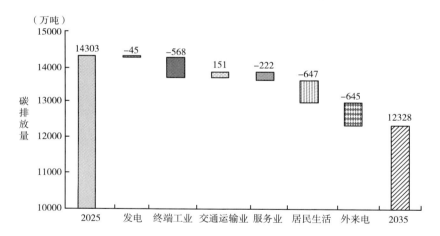

图4-30　2025~2035年北京市分行业碳排放变化（低碳情景）

---

　　① 此处各终端行业排放量计算中不考虑电力的间接排放，电力生产的排放量计入发电和外来电中。

　　② 此处指服务业和居民生活消费。

（三）"碳中和"阶段（2035～2050年）

对比不同情景，为实现"碳中和"目标，2050年能源消费总量将下降至与2019年相当水平，非化石能源占能源消费比重将达到84%～89%，电能占终端能源消费比重达到58%～62%，外来电占全社会用电量比重达到74%～80%，外来电中绿电占比需达到97%以上（见表4-2）。

表4-2　　　　　　　　　　不同情景2050年能源发展指标

指标	高碳情景	低碳情景
能源需求（万吨标准煤）	7502	7388
能源系统碳排放量（万吨）	2225	1437
电力系统净碳排放量*（万吨）	-100	17
非化石能源占能源消费比重（%）	84	89
电能占终端能源消费比重（发电煤耗法计算）（%）	58	62
外来电占全社会用电量比重（%）	74	80
外来绿电占外来电量比重（%）	97	98
本地非化石能源发电量比重（%）	50	63

注：*表示含外来电排放。

分行业减排路径看，外来电和交通部门是此阶段碳减排的主要贡献，高碳情景下碳减排量占比分别达到39%和29%。由于电力需求在2050年前仍保持较低速增长，加之本地燃气发电量的压缩，外来电在此期间年均增速为1.7%～2.4%，通过外来绿电占比的提升，外来电排放量降幅达到92%～97%，基本实现近零排放。交通运输业通过提升能效和加大低碳燃料替代，有序推进燃油机动车的退出，总能耗下降幅度达到15%～21%，交通用油占比下降至12%～17%，交通部门碳排放下降幅度达82%～88%（见图4-31和图4-32）。

需要指出的是，2035年以后，基于政策引导的能源系统结构优化和减排潜力增长已相对有限，这一时期实现快速减排和"碳中和"目标需依托低碳技术的突破与革新，包括新型电力系统的建设、CCUS技术的大

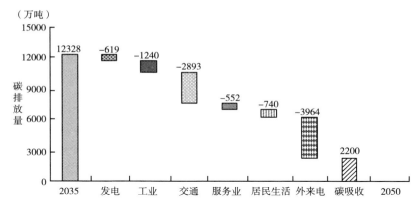

图 4 - 31 2035 ~ 2050 年分行业碳排放变化（高碳情景）

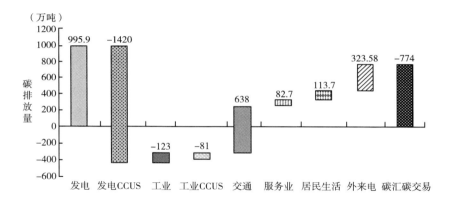

图 4 - 32 2050 年碳排放和吸收平衡图（高碳情景）

注：负值标记表示碳吸收，正值标记表示碳排放。

规模投入使用、氢能和生物燃料等交通领域低碳技术性能的大幅提升，以及地源热泵集中供暖的成熟度等。在上述技术支撑的前提下，到 2050 年，电力热力生产通过加装 CCUS 装置可实现零排放甚至负排放；居民和服务业的建筑用能基本实现近零排放，仅存的少量排放主要来自天然气供热及烹饪等使用；交通运输领域中的公路和铁路交通基本实现净零排放，排放量主要来自航空运输业，不同情景下排放量为 400 万 ~ 650 万吨，需要通过生物质掺烧和生物质发电加装 CCUS 等负碳技术以及碳汇、碳交易等进行中和平衡。

四、实现"碳中和"目标的几个不确定因素分析

一是能源消费总量控制对实现"碳中和"目标起决定性因素。北京城市总体规划提出要控制能源消费总量，2035 年能源消费总量的控制目标为 9000 万吨标准煤左右。从当前实现"碳中和"目标需求来看，能源消费总量控制力度还需进一步加大，力争将在 2050 年能源消费总量压减到与 2019 年相当水平。若能耗总量控制不及预期，将对 CCUS 技术及清洁能源替代技术发展潜力提出更高要求。

二是 CCUS 技术潜力将深刻影响天然气发展空间及燃气发电转型方式。目前电力系统应用 CCUS 还存在高投入、高能耗和高附加成本等技术经济性问题和运输、封存等基础设施问题，虽然 CCUS 技术应用前景广阔，但推广应用程度难以确定，将主要影响燃气发电空间。根据不同情景预测结果，当 CCUS 技术潜力从 1500 万吨下降至 500 万吨时，燃气发电量需压减 60%。若 CCUS 不能实现技术突破和规模化商业应用，未来电力系统将基本难以保留气电等可提供惯量的传统电源，对外来电和外来绿电的占比、本地支撑性灵活电源提出更高需求。

三是考虑城市能源供应安全，对外来电占比的约束存在不确定性。北京市作为典型的能源输入型城市，对外来能源依赖程度较高。从北京能源转型历史看，外来电一直占据全社会用电量的较大比重，近几年占比最高达到了 72%。从未来发展趋势看，由于电力需求的增长以及本地火电的压减，外来电占比还将继续升高，但从城市能源安全保障角度出发，外来电占比的上限目前尚无明确研究结论。若按照最高占比 75% 考虑，由于北京本地的非化石能源发电潜力相对有限，本地发电中势必需要保留较多的燃气发电，燃气发电占本地发电量的比重预计将达到 50% 左右，将对发电系统的 CCUS 技术利用提出更高需求。

四是外来绿电比重是决定"碳中和"目标实现的关键因素。按照现有的碳排放统计方式，外调能源在生产阶段产生的碳排放会计入北京市，

外调电力生产过程中的清洁化程度直接影响北京市碳排放总量。而外来绿电占比将严重依赖北京周边电力输入区域的清洁能源发展程度,从而具有较高不确定性。由于北京外来电占比较高,随着外来电占全社会用电量比重的提升,对外来绿电占比的要求会更高。从高碳情景实现"碳中和"目标倒逼看,考虑需要给航空用油保留一定的碳排放空间,外来绿电占比至少要达到95%以上。即使考虑航空用油可全部采用清洁能源替代的极端情景,外来绿电占比也需达到90%以上。

五是氢能、生物燃料等替代燃料发展不确定性将影响交通部门终端能源脱碳进程。氢能燃料电池技术可能成为未来重型货运汽车、大客车、重型船舶以及民航客机的重要替代燃料技术,但目前氢能发展面临低碳制氢成本高昂,技术亟待进一步突破,输氢、储氢、加氢基础设施发展缓慢等难题,发展前景存在较大不确定性。由于航空领域对能源密度和续航时间要求极高,仍较难推行电能替代,生物燃料是其主流替代技术,然而成本过高是生物燃料推广的最大障碍,生物燃料的运行成本约是传统航空煤油的2~3倍。

总体而言,如上不确定性因素间有彼此不同的发展需求,甚至存在此消彼长的关系,也具有各自不同的发展优势。这对"碳中和"路径规划设计提出了挑战,需要统筹动态平衡,实现计及不确定性风险考量的多元目标最优。

⋯⋯➤ 五、政策保障建议

一是加强城市"碳中和"目标的战略引导作用。尽快发布城市"碳中和"目标和实现路径,明确地区间、行业间碳减排责任分担,将降碳减排工作全面纳入城市规划体系,推动制定和实施城市主要行业"碳达峰"和"碳中和"规划与行动方案。

二是推动产业结构优化转型,建立健全绿色低碳发展的经济体系。大力发展战略性新兴产业,实施智能制造工程,加快节能与新一代信息技术、新能源汽车、电力装备、电子及信息产业等先进制造业发展，提升低碳服务业如金融、旅游、物流等占比，加快传统产业绿色改造，大力发展低碳产业，推动产业体系向集约化、高端化升级。

三是加强技术创新对"碳中和"的驱动作用。持续加大科技创新尤其是"碳中和"关键技术的资金支持力度，给予参与关键技术及设备材料研发的企业融资、税收政策优惠和财政补贴；完善知识产权保护相关法律法规，强化知识产权保护监督机制和知识产权保护能力。提前布局"碳中和"相关技术重点实验室和重大示范工程。

四是全面构建绿色金融和碳交易体系。政府支持是绿色金融发展的前提和保障，应当根据绿色金融具有的独特性质与要求，结合现实情况和"碳中和"进程的具体需要，构建和完善绿色金融制度框架。建立完善制度体系，夯实碳排放数据基础。持续完善碳排放核算、报告与核查等政策标准，优化碳市场管理流程，强化市场监管力度，创新碳普惠等业务形式，保障试点碳市场运行效率。加快全国碳市场建设，促进碳期货等金融衍生品发展，加快配额制、绿证等市场化，扩大碳排放权交易试点范围与数量，加快交易机制形成。

第七节　能源转型预期成效综合评价分析

━━▶ 一、总体评价分析

针对北京能源发展的高碳情景与低碳情景，从安全、清洁、高效、低碳等维度开展 2025 年、2030 年、2035 年不同水平年北京能源转型成效评价。根据本书前面对北京未来能源发展展望的分析，可以得到不同情景下北京能源发展的部分关键指标变化趋势，如表 4-3 所示；其他指标如供电可靠率、单位周转量等数据作为城市能源运行管理的预期性指标，这里暂不做定量评价。不同情景下不同评价维度指标归一化值如图4 - 33 所示，不同情景下北京能源转型成效综合评价结果如图4 - 34 所示。

表4 - 3　　　　　　　北京能源转型综合评价部分关键指标变化

二级指标	2025 年		2030 年		2035 年	
	高碳情景	低碳情景	高碳情景	低碳情景	高碳情景	低碳情景
本地能源供应占比（%）	4.7	5.2	7.8	8.3	8.9	8.4
外来电占比（%）	66	67	68	66	67	68
非化石能源占能源消费总量比重（%）	13.7	14.6	19.1	20.7	24.0	25.5
电能占终端能源消费比重（%）	28	29	30	34	33	38
清洁能源采暖占比（%）	96	97	98	99	99	100
交通电气化率（%）	6.0	7.0	7.3	8.6	8.3	9.8
单位 GDP 能耗（吨标准煤/万元 GDP）	0.231	0.229	0.198	0.194	0.159	0.155
碳排放量（亿吨）	1.46	1.43	1.41	1.37	1.29	1.23
碳排放强度（吨/万元）	0.42	0.41	0.33	0.32	0.24	0.23

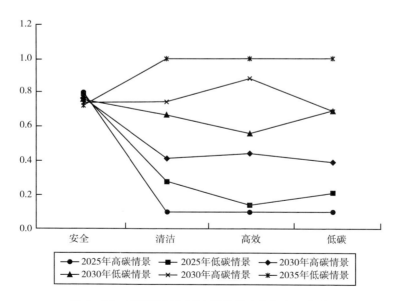

图4 - 33　不同情景下不同评价维度指标归一化值

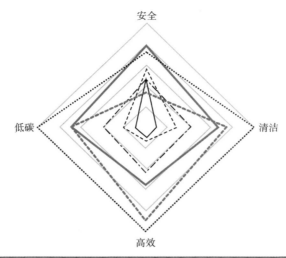

图 4 - 34 不同情景下北京市能源转型成效综合评价结果

从安全发展水平来看，受限于资源禀赋，北京市发展清洁能源主要依赖分布式电源，规模提升有限；随着能源低碳转型力度加大和电气化水平的提升，北京市外来电规模及占比均不断增加，保障能源安全和运行安全的难度风险进一步扩大。因此未来需要以更高标准规划能源设施，构建多元多向、坚强可靠、互联互通的网架结构，显著提升应急保障能力，并加强需求侧管理，挖掘北京削峰填谷的潜力，同时增强北京周边地区的支撑电源建设，以保障北京能源系统的安全性。从清洁、低碳发展水平来看，通过大力发展本地可再生能源，增加外来电规模，逐步实现对化石能源的替代，能源供应结构的清洁化、低碳化发展水平将逐渐提高。从高效发展水平来看，不同碳排放目标意味着不同的用能需求总量，对节能降耗水平就有不同要求。

从综合评价结果来看，加速提升交通、建筑等重点用能领域的电气化水平，将推动北京能源系统的清洁、高效、低碳化转型。低碳情景下，北京能源系统的整体清洁性、高效性等水平明显高于高碳情景。综合来看，按照低碳的能源发展战略路径实施，北京城市现代能源体系将基本建立与逐渐发展成熟。随着国际一流的和谐宜居之都建设目标的实现，北京城市能源高质量发展下一阶段的更高目标将是能够更好满足人民日益增长的美好生活需要的发展，能够对城镇居民产生更大福利效应，带来更大获得感、幸福感、安全感。

二、能源转型低碳情景比较优势分析

相比高碳情景，低碳能源转型路径在如表4-4所示的主要指标上具有显著优势，将有力支撑构建现代城市能源体系，促进北京能源高质量发展。

表4-4　　　　　　　　高碳情景与低碳情景主要结果对比

项目	年份	高碳情景	低碳情景
能源消费总量 （亿吨标准煤）	2025	8031	7954
	2030	8589	8430
	2035	8447	8230
单位 GDP 能耗 （吨标准煤/万元）	2025	0.231	0.229
	2030	0.198	0.194
	2035	0.159	0.155
碳排放量（万吨）	2025	14588	14303
	2030	14126	13673
	2035	12783	12328
碳排放强度（吨/万元）	2025	0.419	0.411
	2030	0.325	0.315
	2035	0.241	0.232
非化石能源消费量占比（%）	2025	13.7	14.6
	2030	19.1	20.7
	2035	24.0	25.5
终端电气化水平（%）	2025	28	29
	2030	30	34
	2035	33	38

续表

项目	年份	高碳情景	低碳情景
可再生能源装机占比（%）	2025	25.7	28.2
	2030	31.2	32.9
	2035	33.9	36.8
可再生能源发电量占比（%）	2025	14.2	16.3
	2030	20.1	22.4
	2035	26.3	29.6
人均能耗（吨标准煤）	2025	3.49	3.46
	2030	3.73	3.67
	2035	3.67	3.58
人均用电量（千瓦时）	2025	6132	6295
	2030	6901	7257
	2035	7278	7719

一是能源消费总量更低，能效水平提升更快。低碳情景下，能源消费总量更低，峰值水平相比高碳情景低 200 万吨标准煤左右；节能力度更大，单位 GDP 能耗水平更低，2035 年相比高碳情景低 3%，2019 ～ 2035 年下降幅度达 43%，相比高碳情景高 2 个百分点。

二是能源结构优化调整效果更优，油品消费下降速度更快、峰值更低，新能源和可再生能源利用水平更高。低碳情景下，油品消费增速显著低于高碳情景，在 2025 年之前更早达到峰值。新能源和可再生能源占能源消费比重提升更快，2035 年达到 25.5%，比高碳情景高 1.5 个百分点；2035 年可再生能源装机及发电量占比分别高于高碳情景 2.0 个、3.0 个百分点。

三是终端能源利用更加清洁化，终端电气化水平更高。低碳情景下，电能替代力度加大，电能占终端能源消费比重提升更快，2035 年达到 38%，相比高碳情景提高 5 个百分点，其中第三产业和居民生活电气化水平分别高于高碳情景 5 个和 6 个百分点。

四是碳减排力度加大，碳排放量下降更快。相比高碳情景，低碳情景碳排放量及排放强度均更低，2025 年、2035 年碳排放量分别降低 2%、4%，相比 2019 年的碳排放强度下降幅度分别高出 1 个和 2 个百分点。

第五章　北京建设现代能源体系的实现路径

第一节　发展基础

"十三五"时期是北京推进现代能源体系建设的关键时期，能源发展取得显著成效，为中长期全面建成更高质量现代能源体系、实现更高水平发展奠定了坚实基础。通过大力推进燃煤压减和可再生能源发展，加快调整能源结构，天然气和电力等清洁能源消费比重大幅提升，煤炭消费比重下降至2%以下，碳排放已于2012年达到峰值，能源清洁、低碳发展取得积极成效；通过不断强化外送通道和本地管网建设，提升应急调峰设施水平，能源基础设施保障能力全面增强；通过加速淘汰退出一批高污染企业，推进建筑交通等重点领域节能，节能降耗始终走在全国前列，能源利用效率居全国首位。

总体来看，当前较为清洁高效的北京现代能源体系已经初步形成。而与此同时，"双碳"进程持续推进以及建设国际一流的和谐宜居之都目标又对北京现代能源体系建设提出了更高的标准和要求。北京未来现代能源体系建设需要在巩固清洁高效发展成效的基础上，重点在低碳、智慧和服务提升等方面下更大功夫。

第二节　发展思路

　　深入贯彻落实习近平总书记"四个革命、一个合作"能源安全新战略，立足首都城市战略定位，把握能源革命与数字革命深度融合的战略机遇期，重点关注"十四五"及 2035 年两个关键时间节点，以保障全方位能源安全为基础，发展城市新型电力系统为重要依托，着力推进北京城市能源供应环节的绿色清洁化、能源消费环节的广泛电气化、能源系统各品种全环节的智慧化，以及能源科技与体制机制创新，提升能源产业链现代化水平，全面提升城市能源系统供应效率和服务质量，努力构建清洁、低碳、安全、高效、智慧的现代城市能源体系（见图 5-1），推

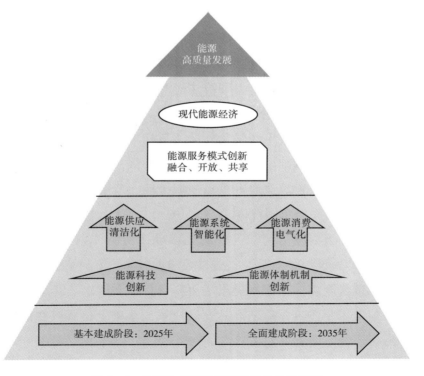

图 5-1　北京构建现代能源体系的总体思路

动北京城市能源实现高质量发展，满足人民日益增长的美好生活需求，为北京建设国际一流的和谐宜居之都提供坚实的能源保障。

第三节　建设目标

构建多元化的能源供给保障体系，加快能源结构调整，着力提升能源清洁低碳发展水平；促进多种能源融合协同发展，着力提升能源智能高效利用水平；完善能源市场体系，着力培育能源领域新技术新产业新业态新模式；加强能源领域共性、基础性的关键性技术研发，实现全方位能源安全保障；推进体制改革和机制创新，着力提升能源产业链现代化水平、能源管理和服务水平，建设与国际一流和谐宜居之都相适应的清洁、低碳、安全、高效、智慧的现代能源体系。

▶ 一、基本建成阶段（2021～2025 年）

基本建成清洁、低碳、安全、高效、智慧的现代能源体系，能源消费结构进一步优化，能源效率水平进一步提升，能源供需两侧多元化发展，关键领域能源技术取得突破，能源产业链竞争力和供应链稳定性进一步增强，城市新型电力系统建设水平稳步提升，融合、开放和共享的能源服务模式探索发展，京津冀一体化的能源发展格局基本形成。

优化城市能源消费结构，严格控制煤炭、石油等化石能源消费总量，提高电气化水平。油品消费总量迈入峰值，电力成为第一大能源供应品种，占终端能源消费的比重达到 29% 左右；可再生能源和新能源利用实现新突破，占能源消费总量的比重达到 14% 以上。提升综合能效水平，单位 GDP 能耗相比 2020 年下降 13% 左右。实现重点领域关键环节信息基础设施覆盖，促进电、气、热等能源系统及涉能基础设施泛在互联、多能互补、源网荷储协调互动，发挥以电力为能源转换中心的功能作用，创新发展城市新型电力系统。深化与周边地区清洁能源合作，推动能源设施一体化布局，构建多元化的能源安全供给保障体系，实现区域优势互补、合作共赢。集中力量开展能源电力战略性、基础性、前瞻性领域联合攻关，超前谋划、统筹安排基础理论研究和关键技术装备研发，提高能源产业链现代化水平。着力推动融合、开放和共享的能源服务模式创新，满足各类用户多样化用能需求，不断提高服务水平。

■■■➡ 二、全面建成阶段（2026～2035 年）

全面建成清洁、低碳、安全、高效、智慧的现代能源体系，清洁低碳能源成为城市能源消费主体，能源效率水平全面提升；全面完成能源全领域、全环节智慧升级，能源科技水平总体处于国际领先地位；全面建成现代化的能源产业链，能源安全得到全方位保障；全面建成城市新型电力系统；全面建立融合、开放和共享的能源服务模式，京津冀一体化的能源发展格局全面形成。

全面建成以外地绿电为主、本地可再生能源为辅的多元化清洁低碳能源供应体系。能源消费总量达峰后稳定下降，峰值控制在 9000 万吨标准煤左右，天然气消费逐渐饱和，电力在能源供应和消费中的主体地位更加巩固，占终端能源消费比重达到 33% 以上。可再生能源和新能源实现规模化利用，占能源消费总量的比重达到 25% 左右。综合能效水平全面提升，单位 GDP 能耗相比 2025 年下降 29%。建成国际领先的新型能源基础设施以及统筹安全、发展与减排的城市新型电力系统，全面完成能源全领域、全环节智慧升级，实现电、气、热、氢等能源品类，以及交通、城市公共服务等涉能基础设施智慧化发展的协同规划、建设与运行。全面实现京津冀跨区域的电力、天然气、油品等能源输送基础设施互联互通，实现区域内综合交通信息、城市公共信息等各类信息共享。能源科技水平总体处于国际领先地位，对我国能源电力产业链竞争力和供应链稳定性的全面提升发挥重要支撑作用，能源安全得到全方位保障。

全面满足个性化、精细化的能源服务需求，形成共建、共治、共享、共赢的能源服务生态圈。

第四节　总体路径

北京能源高质量发展是一个与时俱进、内涵不断发展的动态过程，阶段不同、主要矛盾不同，高质量发展的内涵与重点也会随之变化发展，需要围绕持续实现北京能源发展的质量变革、效率变革、动力变革，持续用力、久久为功。

一是坚持把以人民为中心的发展思想落实到位。高质量发展是能够更好满足人民日益增长的美好生活需要的发展，是能够对城镇居民产生更大福利效应，带来更大获得感、幸福感、安全感的发展，使城市能源经济产出内涵更加丰富的发展。北京能源高质量发展必然要体现为能给人们提供更加丰富、更好质量、更高层次、更低成本的能源产品和服务，体现为城镇居民对能源发展过程的更大范围、更多形式、更高效率的广泛参与和共创共治共享，体现为能源经济产出背后更低的资源环境代价、更高水平的产业结构、更加丰富的服务业态。

二是坚持把创新、协调、绿色、开放、共享的新发展理念落实到位。坚持将五大发展理念作为指引北京能源高质量发展的"指挥棒"，充分体现创新成为第一动力、协调成为内生特点、绿色成为普遍形态、开放成为必由之路、共享成为根本目的。推动能源变革成为新时代城市发展升级过程中新旧动能转换的重要组成部分，使能源成为推动城市高质量发展的重要新动能，持续驱动城市加速产业结构转型升级，培育战略性新兴产业，发展新技术、新模式、新业态，推动城市竞争力提升更多地依靠创新驱动和高水平的产业结构支撑。

三是坚持把"巩固、增强、提升、畅通"八字方针落实到位。落实"巩固"方针，维护好"三去一降一补"成果，淘汰低质量低水平能源产能过剩，创新推进新型能源基础设施与新基建协同建设，加大基础设施领域补短板力度；落实"增强"方针，建立公平、开放、透明的能源市场规则和法治化的能源电力营商环境，培育更多能源产业企业，充分发挥微观主体活力；落实"提升"方针，提升能源产业链水平，注重利用技术创新和规模效应形成新的竞争优势，培育新的能源产业集群，发展数字经济、网络经济、平台经济、共享经济等能源新经济；落实"畅通"方针，畅通能源电力经济循环，促进统一开放、竞争有序的能源电力市场体系建设，提升能源电力行业产融协同发展水平，营造能源金融发展生态。

四是坚持把"四个革命、一个合作"能源安全新战略落实到位。推动能源消费革命在城市落地，抑制不合理能源消费，努力做到为城市发展保证高质量能源供应与降低城市发展对能源的依赖性并重；推动能源供给革命在城市落地，推进能源大范围优化配置和多种能源优化互补、梯级利用，加快发展本地可再生能源，提升城市发展能源自给比例，形成多轮驱动的城市能源供应体系；推进能源技术革命在城市落地，以城市能源技术变革引领"高质量发展"的新一轮产业革命；推动城市能源体制机制改革创新，以公平、效能为中心，聚焦突出矛盾和关键环节，推动相关改革深化，健全与高质量发展相适应的体制机制，把市场活力和社会创造力充分释放出来；推动北京城市能源成为能源国际合作的重要方向和主攻领域，打造多元化的城市能源国际合作交流平台，推动城市能源变革的智力合作、技术合作、政策合作、市场合作。

五是打造与现代城市能源体系相适应的现代城市能源治理体系。深化改革，构建现代城市能源治理体系，是保障城市能源高质量发展的必要条件。要更多采取改革的办法，更多运用市场化、法治化手段，为城市能源更高质量、更有效率、更加公平、更可持续发展提供保障。理顺能源价格，形成主要由市场决定资源配置的机制；创新能源科学管理模式，建立健全能源法治体系，解决政出多门，管理缺位、越位的问题；强化市场监管，建立公平有序的市场环境。

第五节 重点举措

综合分析北京城市能源资源禀赋、能源供需、能源配置等因素，面向建设清洁、低碳、安全、高效、智慧的现代能源体系，未来需从"四化、三新"，即推进能源供应侧清洁化、能源消费侧电气化、能源系统侧智能化和能源产业链现代化，以及能源科技创新、能源体制机制创新和能源服务模式创新等七个维度作为主要着力点，制定重点举措。

▪▪▪➤ 一、推进能源供应清洁化

深入实施能源供给侧结构性改革，紧抓构建城市新型电力系统的"牛鼻子"，以大力发展本地可再生能源和引入外来清洁电力为着力点，推动能源消费增量主要由新能源和可再生能源（包括外调绿电）支撑，完善输配电网络和储备系统，形成多轮驱动、安全可持续的能源供应体系，开启低碳供应新时代。

（一）大幅提高外来清洁电力比重

北京市未来仍依赖大量的外调电力供给满足全市用电需求，外调电力在全市能源消费中所占比重还将继续提升，到2035年将超过34%，为满足碳达峰后的碳减排要求，需大幅提高外来电中绿色低碳电力比重。借助举办绿色冬奥会的契机，加强与周边城市开发和使用绿色电力的合作，支持北京周边可再生能源基地建设，完善区域间可再生能源协同发展机制，积极引入河北、内蒙古、山西等周边地区可再生能源电力，推动建立跨区绿色电力交易机制，逐步形成北京与周边地区一体化的绿色电力市场，推动外调绿色电力占比大幅提升。

（二）积极开发本地可再生能源

实施绿色能源行动计划，充分开发太阳能和地热能，有序开发风能和生物质能。推进分布式光伏、热泵系统在既有建筑的应用，新建建筑优先使用可再生能源，新增电源建设以可再生能源为主。加快分布式光伏在各领域的应用，实施"阳光校园、阳光商业、阳光园区、阳光农业、阳光基础设施"五大阳光工程，鼓励居民家庭应用分布式光伏发电系统，推动全社会参与太阳能开发利用。积极探索利用关停矿区建设大型光伏地面电站。进一步扩大太阳能热水系统在城市建筑中的推广应用，鼓励农村地区太阳能综合应用。

（三）增强电网外受电通道能力及安全可靠性

坚持跨区平衡、高比例消纳清洁能源，实现资源大范围优化配置，推进高比例外来清洁能源的大规模消纳和本地分布式新能源的全额消纳。优化完善环京特高压等骨干网架结构，加快电网一体化建设，增强京津唐多方向外受电通道能力，优化主干电网结构，提升北京电网外受电能力。聚集京津冀协同发展部署，服务北京"四个中心"建设需求，高质量规划建设"三城一区"等配套电网工程，精心组织实施北京冬奥会配套项目建设。进一步优化配电网络结构，开展配电网分层分级合理布局，推动交流微电网、直流微电网、交直流混联微电网、分布式智能电网等电网形态融入中低压配电网，推行电化学储能、相变蓄热等多样化用户侧储能示范建设，持续提升配电网供电能力和供电质量，加快建设可靠性高、互动友好的现代化配电网，保障高比例外来电下的电网安全。

▪▪▪▶ 二、推动能源消费电气化

发挥电力在推动"双碳"进程中的主力军作用，以能源消费电气化加速能源利用节能提效，推动能源消费结构优化与产业结构调整互驱共进，使能源消费结构迈入更加绿色、高效的中高级形态，增强绿色发展内生动力。稳步提高城市终端用能电气化水平，实施终端用能清洁电能替代。近期，在建筑、交通运输、居民消费等领域，不断扩展电能替代技术应用，形成在重点领域全面突破。中远期，以技术突破为契机，融入能源多能互补协同，以综合用能服务为入口扩大终端消费电气化领域，不断突破原有运营模式、商业模式，有效融入综合能源服务体系，从共享经济、公共服务等角度寻求与电气化的契合面，全面实现能源消费高电气化水平。

（一）建筑领域

结合首都城市空间布局优化，以建筑本体与建筑用能体系为抓手，开拓可再生能源在建筑领域的应用，重点在建筑供热（冷）、城市大型商业综合体等领域推进电能替代，提供面向建筑用户终端的能效管理与节能服务，挖掘各类建筑节能潜力，提高建筑绿色发展水平，有效控制建筑能耗总量和强度。

发展"可再生能源＋"建筑一体化，优化建筑终端用能结构。拓展可再生能源在建筑领域的应用形式，鼓励利用可再生资源满足建筑供热（冷）、炊事、热水需求，逐步普及太阳能发电与建筑一体化，推广高效空气源热泵技术及产品等；集成绿色配置、低能耗围护结构、新能源利用和智能控制等高新技术，实现建筑高效节能。结合农村资源条件和用能习惯，大力发展太阳能、浅层地热能、生物质能等，推进用能形态转型，建设美丽宜居乡村。

在建筑供热和大型商业综合体领域因地制宜推进清洁能源替代，稳步提高电气化水平。在大型公共建筑供热（冷）领域，关注政府、企事业单位、医院、酒店、商业综合体、数据中心等用能强度高的公共建筑，推广应用能源利用效率高、用能成本低的热泵机组（空气源、水源、土壤源等），提高建筑能效水平；结合区域资源禀赋条件，加大山区散煤治理工作力度，优先利用地热能和太阳能等可再生能源，鼓励采用"煤改天然气""煤改电"等多种方式削减山区村庄散煤；在城市大型商业综合体的制冷、采暖、餐饮、充电等方面，探索推进全品类电能应用，对入驻餐饮企业实施全电改造、充电设施集群建设、推广采用电蓄冷设备制冷，打造现代化全电能商业综合体。

创新建筑运行能耗管理新模式。改善建筑运行能耗管理模式，探索建筑空调参与电力需求侧管理等新模式，缓解时段性电力高峰负荷压力，促进能源生产与消费融合，提高多元建筑主体参与程度，加快形成以开放、共享为主要特征的建筑节能新业态、新模式。搭建用户能效监测平台并实现数据的互联共享，提供面向建筑用户终端设施的个性化的能效管理与节能服务。

（二）交通领域

以新机场建设、京津冀城市间轨道交通加速发展、非首都功能疏解带来的产业变革为契机，充分挖掘交通运输领域更广泛的电能替代潜力，大力推动交通行业节能减排，稳步推进绿色低碳交通运输体系建设。

加快清洁能源替代，优化交通用能结构。严格控制化石燃料汽车发展速度与规模。基于服务特点与运输场景，积极开展重型货运用电技术研发，大力推广电动汽车在公共交通、出租车和物流配送领域的应用，大幅提高电动汽车市场销量占比，引导社会存量汽车替换为新能源汽车。提升机场及轨道交通电气化水平。推动飞机辅助动力装置（APU）替代、机场地面车辆"油改电"、新能源应用等绿色民航项目的实施，并总结形成可复制、可推广的经验模式，以点带面，逐步推广。

完善新能源汽车配套基础设施建设。加快推进轨道交通基础设施建设，完善汽车充电设施布局，优化城市核心区和主干高速公路充电设施建设布局，根据北京市对大型物流中心建设规定及物流车辆运行特性，有针对性地进行充电设施布局建设。建设智慧车联网，促进交通网与能源网的有机融合，实现北京城市的交通智慧管控与智慧决策。加快氢能及燃料电池汽车产业核心技术研发及装备制造水平提升，降低全产业链成本，持续推进加氢站等氢能基础设施建设，加大绿色氢能生产与示范应用。

（三）居民消费领域

随着低碳环保消费理念的深入人心及"全电厨房"等新理念的提出，积极开展"绿色家电"宣传推广活动，倡导"绿色节能、低碳生活"，积极培育居民新型电力消费习惯，将电能推广普及到居民生活的方方面面。

推广绿色家电。随着智能家电的普及，在居民生活消费领域推广电采暖、电洗浴等设备，增强居民对"绿色家电"的认知，提高家庭电气化消费便捷性和经济性。以全电厨房互动体验、电厨炊设备优惠销售等方式，激发城乡居民购买和适用厨房家电产品的意愿，促进全电厨房的推广，普及绿色低碳的烹饪方式。

三、提升系统智能化水平

顺应能源革命和数字革命新趋势，以改革创新为动力，以"互联网＋"为手段，加快推进能源新技术、先进信息技术与能源系统的深度融合，构建坚强智能电网，推动能源系统智慧化发展。着力推进北京新型能源基础设施建设与业务智能化升级，推动城市智慧能源系统建设融入智慧城市建设，把首都能源系统打造成国际一流的城市智慧能源系统。

（一）推进新型能源基础设施智能化升级

完善以云平台为基础的北京能源新型基础设施，开展城市能源系统5G网络切片应用与建设，强化区域范围内能源运行综合协调，依托相变蓄热、蓄冷装置等开展多能源品种间调峰互济，加强楼宇、园区、城区等各级能源互联网建设与示范，推广老旧小区的建筑节能改造及新建园区净零能耗建筑建设；逐步开展以电力系统为引领、城市能源系统全覆盖的智慧化升级，加快信息采集、感知、处理、应用等环节建设，推进中低压配电网智能终端部署、配电通信网建设和配电自动化实用化，提高对海量分散发供储用对象的可观可测可控水平，支持新能源发电、多元化储能、新型负荷大规模友好接入，实现源网荷储各要素友好协同、有效衔接，促进电力电量分层分级分群平衡，构建城市层级的坚强智能电网。

（二）推进能源领域业务智能化升级

依托大数据、人工智能等数字化技术的场景化应用推动能源领域业务智能化升级，加强无人机、故障智能识别、预测性维护等智能化运检技术研发与应用，依托运检管控平台开展城市能源设备状态监测、异常状况实时报警、设备托管运维等服务，推广网格化作业以及机器人等带电作业模式，加强城市油气管道完整性管理。

（三）推动城市智慧能源系统建设融入智慧城市建设

建设能源工业云网，为产业链上下游企业提供"上云用数赋智"服务，推动城市智慧能源系统与工业互联网、智慧交通、建筑产业互联网等在智能终端、数据平台等数字基础设施方面的共建共享，打造北京城市大数据中心，开展城市能源数据与政府数据、互联网数据及交通数据、工业数据、建筑数据等重点行业数据多源汇聚，构建城市孪生系统及城市大脑，重点开展基于能源大数据的经济运行监测、中小企业征信、城市交通治理、智能制造、住房空置率测算、产业链金融等融合式场景化应用，打造城市能源监控与环境监测、安全生产监督、公共安全保障等系统联动的北京城市数据统一采集监控系统，推动能源服务系统与其他民生服务系统的一体化线上融合，构建跨市区、跨体系的北京城市应急联动机制与系统，助力北京城市治理体系与治理能力现代化。

━━━▶ 四、提升能源产业链现代化水平

通过能源科技创新延伸产业链条、提升产业层次，改变传统依靠资源和生产要素大规模高强度投入形成增长动力的发展模式，推动传统产业转型升级，锻造产业链长板、补齐产业链短板，培育战略性新兴产业，壮大能源行业新业态新模式，为经济社会发展注入新动能，促进产业链创新链深入融合发展，加快提升能源产业链现代化水平。

（一）加快锻长板、补短板，推进能源产业链高端化

锻造能源产业链长板。立足北京科技创新优势、配套优势和部分领域先发优势，巩固提升优势产业的国际领先地位，打造新兴产业链，促进产业结构由低附加值、高能耗、高排放向高附加值、低能耗、低排放升级，锻造一些"杀手锏"技术，提升产业质量。补齐能源产业链短板。实施能源产业基础再造工程，加大重要产品和关键核心技术攻关力度，发展先进适用技术，加快科技成果向现实生产力转化，推动能源产业链多元化，提升能源产业链自主可控能力。

（二）培育壮大能源行业新业态新模式，为经济社会发展注入新动能

充分运用数字技术促进资源优化配置，推动全要素生产率提升。通过数字技术催生能源新业态新模式，推进数字产业化和产业数字化，充分释放数字技术对产业发展的放大效应。通过能源产业链技术创新和业态创新，实现价值再创造。积极发展科技含量高、市场竞争力强、带动作用大、经济效益好的战略性新兴产业，大幅提高产业技术密度和价值密度。

（三）打造产学研协同创新、深度融合的产业生态体系

依托创新联合体、技术联盟、国家重点实验室等多种力量，集中优

势资源开展联合攻关，打通科技创新转化"最后一公里"，实现产学研用深度协作。强化链式思维，以关键共性技术平台实现产业技术、人才资源集聚，推动产业链上中下游、大中小企业优势互补。充分发挥北京科技创新优势，打造"能源谷"先进能源产业创新高地，带动发展高端产业示范集群。

▶ 五、着力加强能源科技创新

以创新为引领发展的第一动力，充分发挥新型举国体制优势及首都创新资源集聚优势，加快能源领域关键核心技术和装备攻关，推动绿色低碳技术重大突破。加快建设前沿科学技术基础研发平台，谋划布局一批能源科技创新高地，不断提升首都国际科技创新中心的创新力、竞争力和辐射力。

（一）强化能源科技创新攻关

在新型电力系统等战略性、基础性、前瞻性领域集中力量联合攻关，系统构建技术创新体系，适度超前布局 CCUS、氢能、小型堆等关键技术与装备研发，充分考虑关键技术的成熟度、竞争力、需求潜力和资源条件等要素，依托政产学研用金加强关键技术落地示范与迭代升级，加速商业化进程并辐射全国。

（二）打造国际领先的科技创新平台

发挥北京资源集聚和高端人才技术密集优势，深化在京科研机构、高等院校、各类企业的联动合作，加快建设前沿科学技术基础研发平台，谋划布局一批能源科技与产业创新高地，吸引更多前沿领域项目落地，打造全球领先的技术创新高地，加快建设具有全球影响力的全国科技创新中心，不断提升首都国际科技创新中心的创新力、竞争力和辐射力。

（三）发挥重要创新成果的特色示范作用

聚焦"三城一区"、北京城市副中心、新机场、东奥赛区等重点区域，集聚资源开展新能源利用和新消费形态的建设，打造一批展现北京城市魅力和重要创新成果的特色示范性场景，促进新技术、新产品、新模式的推广应用，探索能源互联网建设模式、商业模式、运营模式及服务模式，不断积累建设经验，通过示范建设，形成可推广的建设模式。

▪▪▪➡ 六、着力加强能源体制机制创新

全面落实国家深化能源体制机制改革的各项决策部署，以更大力度推动能源重点领域和关键环节改革，健全完善有利于绿色低碳发展的价格、财税和市场体系，培育多元市场主体，逐步理顺能源价格机制，完善能源应急管理响应与能源协同发展机制，为北京能源低碳转型提供有力保障。

（一）培育多元能源供给主体和市场

完善电力需求侧响应机制，创新电力需求侧管理；深化用能权交易改革，探索区域性能源现货和期货市场，构建有效的能源衍生品市场和节能服务市场；加强政府投资支持引导，建立投资收益合理回报机制，搭建多元投融资渠道和平台，改善能源产业企业发展的融资环境；创新和融合绿色债券、绿色信贷、绿色租赁、绿色保险绿色 PPP 等金融产品。

（二）建立科学合理的能源价格形成机制

全面落实国家能源体制改革的总体部署，积极稳妥推动热力、电力、燃气等重点领域改革，完善能源价格机制，建立完善成本疏导机制。持续完善能源管网价格机制，逐步建立反映市场供求和资源稀缺程度的价格动态调整机制。健全完善能源价格传导机制，做好基本公共服务和能

源市场建设的衔接，推动有为政府和有效市场更好的结合。

（三）完善能源应急管理响应与能源协同发展机制

创新技术手段，借助大数据支撑和智能监控，完善运行风险发现机制和处理模型，提升运行风险监测能力和控制能力。强化事前监测预警和风险管理体系建设，强化部门信息共享与高效协作，完善各重点行业专项应急预案，探索制定能源综合应急预案，提高应急处置综合能力。加强与国家部委及河北省、天津市等地区沟通衔接，完善跨区域能源规划联动机制及区域内能源协同管理机制，切实履行行业管理、安全监管和属地保障责任，不断提高电力、燃气、供热、油品等服务水平。

七、着力加强能源服务模式创新

切实转变传统能源服务理念，不断提升能源基础设施硬实力，持续提升能源服务均等化水平，下功夫改善提升能源服务的软实力，创新商业模式，改善营商环境，提高服务质量，让更多消费用户享受个性化、智能化和便捷化的能源服务，做到能源服务保障能力同首都城市战略定位相适应。

（一）统筹城乡用能需求，持续提升能源服务均等化水平

城市方面，聚焦生产生活多元化用能需求，健全供需互动用能系统，充分响应高品质用能服务需求，保障居民生活品质全面提升。统筹布局综合能源服务，依托智能配电网、城镇燃气网、热力管网等能源网络，建设冷热水电气一体供应的区域综合能源系统，推动供能方式从单中心集中式向多中心集中式与分布式、多能互补并存转变。农村方面，面向新型城镇化和乡村振兴战略，以提升乡村电气化水平促进农村能源消费升级，服务农村产业提质增效，持续提升能源服务均等化水平，加强乡村供电服务能力建设。

（二）构建以开放共享为主要特征的城市智慧能源服务平台，提高城市能源精细化、智慧化服务水平

利用大数据、区块链、人工智能等先进技术，推动多品类能源联合优化，打破不同能源、不同管理部门之间的数据壁垒，形成数字化、协同化的城市能源管理。推动能源信息与城市其他信息开放共享，打造面向园区、工矿企业、楼宇等各类客户的定制化能源管理子系统，广泛接入各类客户，吸引社会各界参与平台互动，打造用能客户、能源服务商等多方共享共赢的生态圈，探索城市智慧能源服务平台的"北京模式"。

（三）深入推进营商环境改革，建设国际一流营商环境高地

加强为智慧能源领域相关"小精尖"科技企业在科创板上市创造条件，增加面向装备、大数据等企业的有效金融服务供给。完善智慧能源产学研用金深度融合机制，推动实现资本、技术等资源优势互补。健全绿色金融体系。加强金融支持绿色低碳产业发展，大力发展绿色贷款、绿色基金等金融工具，创新信贷投放、专业化担保等特色金融服务。完善绿色信贷体系，稳步扩大绿色信贷规模。持续减少行政审批事项，深化投资项目审批改革，深入推进"多规合一"，实现"一张蓝图"共享共用，打造全市统一的数字服务、数字监管和数字营商平台，全面提升服务效能。

第六章 北京市清洁供暖情况分析及发展建议

第一节 背 景

冬季采暖是北京市城乡居民的基本生活需求，供热事业是直接关系公众利益的基础性公共事业。传统供暖方式以燃煤、燃气为主，北京作为全国政治中心、文化中心、国际交往中心、科技创新中心，能源消费需求逐年上升，环境污染和安全隐患问题突出。《北方地区冬季清洁取暖规划（2017—2021年）》提出，包括北京市在内的"2+26"重点城市作为京津冀大气污染传输通道城市，要率先实现清洁取暖。2021年，城市城区全部实现清洁取暖，农村地区清洁取暖率达到60%以上。北京城市总体规划提出，中心城区以城市热网集中供热、燃气供热为主，新能源和可再生能源供热为补充，实现供热无煤化。中心城区以外地区新建供热设施以燃气供热为主，鼓励发展清洁能源、新能源和可再生能源供热。到2035年全市清洁能源供热比例达到99%以上。

第二节　北京市清洁供暖现状分析

━━➤　一、冬季供暖总体情况

（一）供暖面积

2020～2021 年采暖季，北京城镇地区供热面积约 8.95 亿平方米，比上一采暖季新增约 1000 万平方米，其中集中供暖面积为 6.6 亿平方米，热电联产供热面积约 2.16 亿平方米，区域锅炉房（天然气、电、LNG/CNG）供热面积约 5.32 亿平方米。

（二）用能结构

北京市冬季供暖使用能源以天然气为主。2020 年北京市清洁供热面积比重达到 98% 以上，超额完成《北京市"十三五"时期能源发展规划》提出的 95% 目标，基本形成清洁高效的城镇供热体系。

（三）供暖方式

北京城乡居民的冬季采暖方式从最早的燃煤采暖开始，发展到目前包括燃气热电、燃煤锅炉、燃气锅炉、燃油锅炉、散煤、分布式燃气、分布式电采暖、集中电采暖等多种形式，形成了城市管网集中供暖、区域燃煤（气、油、电）锅炉房供暖以及清洁能源（气、电）分户自采暖、家庭小煤炉采暖等集中与分散结合，煤、油、气、电等多能并存的供热格局。

━━━➡ 二、清洁供暖发展现状及经验

(一) 发展现状

为治理大气污染，北京从 1998 年开始按照从小锅炉到大锅炉，从核心区到城六区再到远郊区的原则，实施燃煤锅炉清洁能源改造；2003 年启动东城、西城文保区"煤改电"工程，用电代替散煤燃烧供暖；2010 年北京市政府出台《关于加快构建本市安全高效低碳城市供热体系有关意见的通知》，提出建设四大燃气热电中心；2013 年《北京市 2013 ~ 2017 年清洁空气行动计划》发布，北京市煤改清洁能源迎来大提速。截至 2017 年底，全面关停了电厂燃煤机组（采暖季处于备用状态），建成东南、西南、东北、西北四大燃气热电中心，新增清洁供热能力 1 亿平方米，五环以内的城六区冬季供暖基本实现"无煤化"。民用散煤治理主要以"煤改电"辅以"煤改气"等方式推进，在目前改造规模中，"煤改电"占比约 90%。

总体来看，北京清洁供暖改造工作已经取得较大进展。截至 2020 年底，平原地区已经完全实现燃煤锅炉清洁能源改造和供暖"无煤化"，农村清洁供暖改造规模达到 130 万户以上，剩余未改造规模约 10 万户左右，主要集中在山区农村。

(二) 发展经验

一是政策支持力度大。基于北京城市发展定位，北京市政府很早开始对生态环境治理给予了高度重视，在一系列大气污染治理政策的驱动下，清洁供暖改造力度持续加大，且补贴支持力度大。10 千伏及以下"煤改电"配套电网工程，市政府给予 30% 资金补贴；出台"煤改电"居民优惠电价和补贴政策，低谷时段市、区两级政府累计补贴 0.2 元/千瓦时；对于热源设备给予 1.2 万 ~ 2.4 万元/户一次性补贴；对居民房屋

保温、户内线改造、采暖设备购置，市、区两级政府给予相应补贴。

二是清洁供暖技术路线相对统一。北京分散式清洁供暖以"煤改电"为主。东城、西城地区"煤改电"用户基本使用蓄热式电暖器；平原农村地区"煤改电"用户中，以热水型空气源热泵为主，占比达90%，使用蓄热式电暖器用户占9%；针对山区居民需求及环境等因素提出了"太阳能＋水蓄热电锅炉"、"太阳能＋相变蓄热电锅炉"、分布式光伏系统等多种山区"煤改电"技术路线。

三是政企合作紧密。主要通过政府主导、电网公司和设备供应商配合的模式进行推广。政府确定供暖改造目标并给予财政补贴，电网公司提供配电保障，市场化的设备厂商提供下游的终端设备运维和收取供暖设备费用。

第三节　北京市清洁供暖技术比较分析

北京市采用的清洁供暖技术主要分为天然气供暖和电供暖两个方向。天然气供暖包括燃气锅炉（集中式燃气锅炉和分布式的壁挂气炉）和燃气热电联产。电供暖可细分为单纯以电供暖的技术（包括电蓄热锅炉、蓄热式电暖器和直热式电暖器等）和以电为中心利用环境热能的技术，如地源热泵和空气源热泵等。以下对北京市冬季采暖使用的典型清洁供暖技术的技术经济性进行比较分析（见表6－1）。

表6－1　　　　　　　　各类供暖技术的技术经济参数

类型	投资成本 ［元/（吉焦·年）］	运行成本 （元/吉焦）	转换效率（考虑传输 转换损失）（%）	寿命（年）
燃煤锅炉	95	85	70	10
燃气锅炉	95	85	88	5
燃气热电联产	95	85	90	10

续表

类型	投资成本 [元/（吉焦/年）]	运行成本 （元/吉焦）	转换效率（考虑传输 转换损失）（%）	寿命（年）
散烧煤（户用小煤炉）	47	123	60	10
燃气壁挂炉	228	103	82	7
空气源热泵	741	57	100	20
地源热泵	1482	50	100	30
电蓄热锅炉	1026	54	40	20
蓄热式电暖器	342	51	40	10
直热式电暖器	62	60	40	10

1. 天然气集中供暖

天然气集中供暖（含燃气热电联产和燃气锅炉）是北京市冬季采暖的基础性热源，具有最佳的经济性。由于热源更为集中，供热系统运行工况更加稳定，运行效率更高，可达85%以上。同时，大型锅炉更有条件采用先进的低氮燃烧技术，环境污染更小，运行成本不超过30元/平方米。集中供暖适用于城市热力管网覆盖区域或集中区域供暖，不适应于农村地区的散户采暖。

2. 燃气壁挂炉

燃气壁挂炉一般具备供应生活热水和供暖功能，具有很大的调节灵活性，供暖温度可以自主调节，但其受天然气气源的影响较大，运行效率在80%左右，初始投资成本约为80元/平方米，运行成本约为36元/平方米。该采暖方式在天然气气源充足且有补贴时可行。

3. 空气源热泵

空气源热泵是以制冷剂为热媒，在空气中吸收热能，经压缩机将低位热能提升为高位热能，加热系统循环水，这个过程需要消耗电能。其优点是出水温度高，运行成本低，高效节能，能效比可达2~4，运行稳定，安装运维简单；缺点是建设成本高，在极低温环境下制热效率降低。

空气源热泵系统初期投资及改造成本较高，约为 260 元/平方米，系统运行成本约为 20 元/平方米。该采暖方式在设备购买及使用电价上给予补贴前提下具有可行性。

4. 地源热泵

地源热泵是利用土壤、地下水或地表水等浅层地热资源，通过少量电能输入，实现低品位热能向高品位热能转移的一种高效功能技术，以水为热媒进行热量传递。优点是高效节能，能效比可达 4～5，安全稳定，绿色环保；缺点是受地理条件限制，安装复杂，初始投资较高，约为 520 元/平方米，运行成本约为 18 元/平方米。该采暖方式不适用于散户采暖，适用于平原地区的大型公共建筑等。

5. 蓄热式电暖器

蓄热式电暖器是蓄热式电采暖的一种，原理是利用峰谷电价政策，在夜间用电谷段时启动热源装置，将电能转换成热能并存储在蓄热装置中，在白天用电峰段时优先利用蓄热装置供暖，热量不足时再次启动热源设备补充热量。优点是适用范围广，占地面积小，安装简单，基本无须对房屋进行改造，且具有电网峰谷调节的作用；缺点是前期投入较大，约为 120 元/平方米，运行费用较高，约为 45 元/平方米。

第四节　北京市未来清洁供暖发展前景及建议

➡ 一、发展前景

总体来看，以清洁化为目标的北京清洁供暖改造已经基本实现，目前用于居民生活分散式供暖的煤炭总量不到 200 万吨。从服务民生及巩固当前清洁供暖成效的角度出发，未来北京市推进清洁供暖的主要潜力集中在以下几个方面。

（一）山区"煤改电"改造

山区"煤改电"技术路线应遵循政府统筹、因地制宜、尊重用户选择的原则，综合考虑北京山区地区气候、地质等边界条件以及采暖运行费用，以充分满足居民采暖需求和保障采暖效果为基本目标，制定山区"煤改电"技术路线供居民参考。适用于山区电供暖的产品包括低温空气源热泵、蓄热式电暖气（相变）、蓄热式电锅炉（相变）、固体蓄热电锅炉（镁砖）等。

（二）农村地区非居民"煤改电"改造

随着农村居民分散式电采暖的逐步推广、完善，针对村委会、村民公共活动场所、医疗室、学校以及需供暖的农业生产设施等面积较大的集中式电采暖改造，是下一步"煤改电"工程建设的重要任务。需根据农村不同应用场景的供暖需求特点，合理配置电采暖设备和容量，为用户提供更为安全、舒适、环保、经济的采暖解决方案。

（三）增量区域清洁供暖推广

清洁供暖增量市场主要存在于新规划中提及的"城市副中心、三城一区、冬奥会赛区"等重点发展区域，以及新建商业综合体。着力推动实现太阳能、地热能等可再生能源的开发利用转变，实施清洁能源替代，大力发展地热、热泵、太阳能等可再生能源的耦合应用，打造绿色智能高端应用示范区，进一步推进北京清洁供暖。

■■■▶ 二、面临问题

（一）持续补贴困难

相比传统散煤和秸秆燃烧的方式，"煤改气""煤改电"受成本制约，农村居民使用意愿较低，地方政府大范围补贴财政负担较重。初步测算，北京农村地区清洁供暖年运行成本约 3000 元，政府补贴约 1000 元。如何提高清洁供暖的经济性和可持续性，为"供暖后补贴"时代打基础，是当前面临的核心问题。

（二）能源保障压力仍然较大

一是天然气需要加强"以气定改"，供需各方衔接不够；二是储气调峰设施总体建设进度滞后，地下储气库垫底资金投资较大，城镇燃气企业建设储气设施的积极性不高；三是"煤改电"配套电网改造投资大，尤其农村、山区配套电网建设成本和运营费用远高于城镇，投入产出经济性差，改造难度大。

（三）建筑节能及清洁供暖设备售后运维重视不够

大部分地区均偏重热源侧清洁能源替代，忽略建筑能效提升。由于清洁能源价格普遍高于散煤价格，在绝大多数既有建筑未进行节能改造的情况下，清洁供供暖运行成本普遍偏高，且清洁供暖设备缺乏后期系统化的运维服务，降低了清洁供暖经济性和用户使用便捷性。

三、发展建议

技术措施方面。一是进一步对农村民宅进行建筑节能保温改造，提高农村建筑节能水平，研究适用于农村建筑的采暖温度要求、设备配置方式、系统运行规范等内容，探索低成本围护结构节能改造在农村建筑中的应用。二是不断创新农村山区清洁供暖方式，结合农村资源条件，因地制宜，统筹发展农村"煤改气"、"煤改电"、村镇生物质锅炉集中供热、"分户式生物质成型燃料＋专用炉具"等作为农村散煤替代可推广的技术路线。研究多能互补的供热方式，充分发挥不同能源品种优势，如地热能加天然气供热、太阳能加地热能供热等新型供热方式。三是鼓励绿电蓄热、余热热泵等供热新技术的应用，积极消纳绿电，深度挖掘余热资源潜力，进一步提高全市供热保障能力的同时，可降低天然气消费和减少二氧化碳排放。

安全保障方面。一是保障清洁供暖能源供应。增强"煤改电"区域电网网架结构和电力供应保障能力；坚持"以气定改"，严格执行供需平衡计划，保障天然气供应；制定完善应急保供预案，加强煤电关停转应急备用、新型储能、可移动应急电源等各类应急电源储备，确保供电故障不停暖。二是高度重视安全监管。高度重视"煤改气""煤改电"等清洁供暖工程安全监管，保障工程建设和运行安全，加强用户安全用电管理，安排专门抢修队伍和应急物资，如出现供电故障，需要在最短时间恢复供电。三是做好清洁供暖设备售后运维服务。通过成立售后综合服务商、建立售后监管大平台等措施，加强设备售后服务，提高清洁供暖设备使用安全性及用户使用满意度。

长效机制方面。一是各地清洁供暖规划要和城市规划紧密结合，做到确村确户，对于规划拆迁的农户，可采取临时性过渡措施。二是研究完善财政补贴政策，防止突然取消补贴导致居民采暖费用增加较多而出现"返煤"现象。充分结合区域特点等实际情况开展清洁供暖精准投资，并针对不同的技术类型及不同收入用户群体进行差异化补贴，提高投资、补贴的精准度及效益。三是建立成本的全社会分摊机制及市场化机制。进一步探索社会化运营模式，建立合理的投资回报和成本分摊机制，积极引导和鼓励社会资本参与清洁供暖。四是开展清洁供暖综合能源服务。统筹电商、综合能源公司、设备供应商等清洁供暖相关利益方，制定经济最佳、技术最优的技术方案及设备标准，建设互联网运维云平台，积极开拓清洁供暖综合能源服务业务市场。

第七章 北京市"十四五"交通能耗预测及电气化潜力分析

第一节 北京市交通能耗现状分析

我国目前已有的交通能耗统计主要集中在能源统计中的"交通运输、仓储和邮政业"的能源消费统计上,沿用"行业"而不是"用途"分类,其他部门和私人车辆用油不包含在其中,而是分散在其他行业的能耗统计里面,且"交通运输、仓储和邮政业"能耗统计中同时也包含该行业部分建筑能耗,因此不能真实反映我国交通领域的能耗情况。

参考目前已有的交通能耗修正方法,其他部门和私人车辆用油量可按以下方法计算:工业(包括建筑业)、服务业消费的95%的汽油、35%的柴油用于交通运输,居民生活和农业消费的全部汽油、居民生活消费的95%的柴油用于交通运输。交通运输业的建筑能耗可按以下方法计算:由于北京目前交通领域使用燃料主要是油、气和电力,交通运输行业煤耗、热力和其他能源消耗应为建筑能耗,从交通能耗中剔除。交通运输行业交通工具用电主要包括三大领域:铁路、管道运输、城市公共交通。除此三部分用电外,其余用电应算作建筑用电。本章修正计算中,交通运输业中65%的天然气和电力作为建筑能耗,从交通能耗中剔除。居民生活和除交通运输外的服务业中电动汽车耗电量,按照电动汽车保有量和年均耗电量进行换算得到。

采取如上方法，根据历年来北京市能源平衡表中统计数据，修正得到北京市交通领域能耗现状如图7-1所示。近年来北京市交通能耗不断上升，2019年达到2044万吨标准煤左右，同比新增0.6%左右，相比传统能源统计中的交通运输业能耗高出33%左右。交通领域能耗占终端能源消费总量的比重总体呈现逐年递增趋势，2019年达到29%左右。

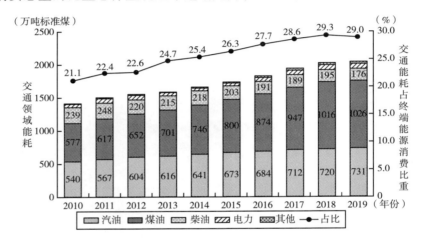

图7-1　2010~2019年北京市交通领域能源消费总量变化

第二节　基于 U-TIMES 的交通能耗预测模型

■■■➡ 一、北京市交通运输体系

参考北京市目前交通运输现状相关报告，梳理北京市交通运输体系如图7-2所示。北京市交通运输分为货运和客运。货运包括公路、铁路、民航和管道四种类型，其中公路货运又区分为营运性的货物运输和非营运性质的社会货物运输车辆，交通运输部门统计的公路货物周转量仅包括营运性的货物运输量。客运包括公路、铁路和民航，也可区分为城间客运和城市内客运，交通运输部门统计的公路、铁路和民航客运周

转量主要包括的是城间客运量，城市内客运主要是公路运输，包括城市轨道交通、城市公交、出租车、商务乘用车和私人汽车等。

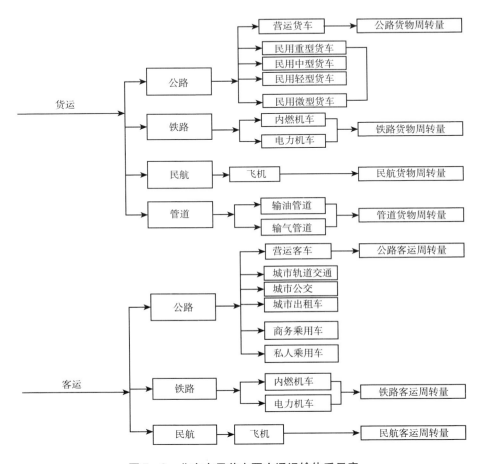

图7-2 北京市目前主要交通运输体系示意

二、北京市交通领域电能替代主要技术

（一）电动汽车

电动汽车具有高效、节能、低噪声、零排放等显著特点，在环保和节能方面具有无可比拟的优势。首先，电动汽车在燃料方面已呈现出一

定的经济性。随着可再生能源规模进一步扩大，电动汽车技术发展日益成熟，整车、配件和燃料成本逐步下降，电动汽车的经济性将更加凸显。其次，从低碳环保的角度讲，电动汽车更是具有得天独厚的优势。燃油汽车直接造成大量温室气体排放，部分燃油车辆甚至可能排放大气污染物，对生态环境造成严重影响。尽管发动机、尾气处理等技术也在发展和日趋成熟，但其对化石燃料的消耗和温室气体的排放是必然存在难以完全消除；而电动汽车则因电力的清洁性呈现出对生态环境更为友好的外部性。

电动汽车目前呈现快速发展态势。截至 2019 年底，北京市新能源汽车保有量达到 32.5 万辆①，占机动车保有总量的 5%。随着动力电池技术的不断发展，公交、网约出租、物流环卫等专用电动车综合成本将进一步降低，专用电动车预计未来也将进入快速发展阶段。据北京市 2017 年版总体规划要求，到 2035 年全市机动车总量控制在 700 万辆以内。《北京市国民经济和社会发展第十四个五年规划和二〇三五年远景目标纲要》（以下简称《纲要》）提出，2025 年全市新能源汽车累计保有量力争达到 200 万辆，电动化率将提升至 30% 左右。

（二）城市轨道交通

城市轨道交通是指位于城市内部或城市与城郊之间，采用轨道结构进行承重和导向的车辆运输系统，包括地铁、轻轨、快轨、有轨电车等，以电力为能源，具有运量大、速度快、安全、节约能源和用地等特点，是目前解决城市交通拥堵问题的有效途径。截至 2019 年，北京市拥有轨道交通运营车辆 6475 辆，运行线路 23 条，运营线路长度 699 公里，轨道交通客运量达到 39.6 亿人次，同比新增 3%，占北京市城市客运总量的 47%。北京城市总体规划中提到"打造一小时交通圈，到 2035 年不低于 2500 公里"。未来北京市轨道交通规模还将继续扩大，《纲要》提出到

---

① 资料来源：《2020 北京市交通发展年度报告》，含新能源客车和新能源货车保有量。

2025 年轨道交通（含市郊铁路）里程预计达到 1600 公里，将带来用电量的增长。

（三）电气化铁路

电气化铁路是以电力机车作为牵引动力的一种铁路交通运输工具，近年来呈现快速发展趋势。与传统内燃牵引相比，电力机车每万吨公里消耗的电能成本比内燃机车消耗的燃油成本低，并且在国内油价涨幅迅猛、电价基本稳定的外部环境下，电力机车的能源成本优势将愈加明显。

三、U-TIMES 模型中的交通部门刻画

本书第三章中构建了城市能源系统模型 U-TIMES，该模型中对交通部门进行了详细刻画。其中，货运需求由客运周转量表示，由营运货运周转量和社会货运周转量需求相加而得，计量单位是吨公里；客运出行需求由城间客运需求与城市内客运需求相加而得，城市内客运出行需求由小汽车、道路公交以及轨道交通等出行需求相加而得，计量单位是人公里。不同交通运输方式的技术成本由购置成本、燃料成本、运行与维护成本等组成。以北京市当前公交车不同运输方式为例，其各类技术经济参数如表 7-1 所示。图 7-3 给出了模型中的交通部门参考能源系统示意。

表 7-1　　　　　　　　北京市公交车相关参数

指标	柴油车	天然气车	混合动力车	无轨电车	纯电动车
2017 年保有量（辆）	10943	7967	904	1153	2337
全车寿命（年）	8	8	8	8	8
单车价格（元）	600000	810000	1270000	1080000	1330000
百公里能耗	39.89 升	47 立方米	30.77 升	110 度	126 度
年均行驶里程（百公里）	725.6	582.78	523.26	417.5	376.18
能源单价	7.14 元/升	3.4 元/立方米	7.14 元/升	0.781 元/度	0.781 元/度
维护保养成本（万元）	7.38	6.46	5.54	4.85	3.00
其他成本（元）	6500	7600	6500	60000	200000

续表

指标	柴油车	天然气车	混合动力车	无轨电车	纯电动车
载客量（人）	30	30	30	35	30
2017 年总行驶里程（百公里）	5804.8	4662.24	4186.08	3340	3009.44

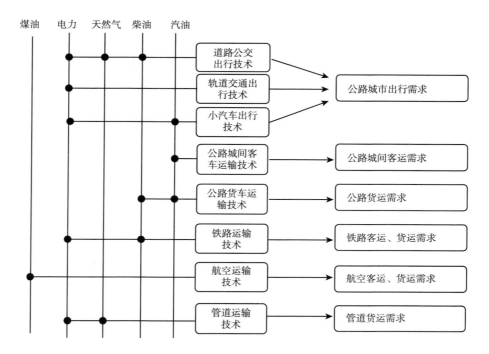

图 7 - 3 北京市交通领域参考能源系统示意

第三节 北京市"十四五"交通能耗及电气化水平分析

一、能耗总量及碳排放分析

"十四五"期间，北京市交通领域能耗仍将保持增加趋势。随着高附加值、高时效性货类需求增加，航空货运量可能提升，但航空客运方面受疫情波动影响具有较大不确定性。结合北京"蓝天保卫战"要求，轨道交通运营里程仍将持续增加，新能源汽车应用推广仍将持续。综合各方面因素，预计2025年交通能耗将达到2525万～2637万吨标准煤，2019～2025年年均增速3.6%～4.3%，交通能耗占终端能源消费总量的比重为33%～34%。

随着交通领域能耗的增加，交通领域产生的二氧化碳排放量①也呈现不断上升趋势，测算结果如图7-4所示。由于电替代航空燃油的技术发展方向尚不明朗，同时航空用油的能效水平提升不明显，航空仍是未来交通领域碳排放的绝对主体。同时，受城市生产生活保障要求提高的影响，燃油轻微型汽车仍将持续增加；存量燃油小客车能源结构优化尚无明确的政策方向。上述因素导致交通领域的碳排放量仍将持续增加。2025年交通领域碳排放量增加至4800万～5100万吨，约占北京碳排放总量的35%左右，2019～2025年碳排放量年均增速为2%～3%。

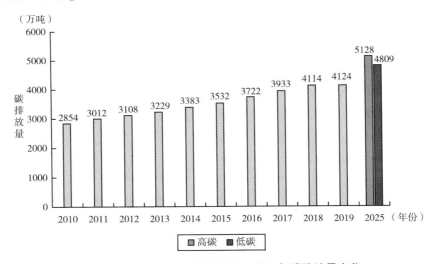

图7-4　北京市交通领域2010～2025年碳排放量变化

---

① 此处交通领域碳排放仅考虑交通耗油和耗气的排放量。

━━━▶ 二、交通电气化水平分析

从"十四五"期间交通领域能源消费结构变化趋势看，交通能源消费结构得到优化，电气化水平不断提升。高碳情景下，油品消费占比从2019年的95%下降至92%，电气化水平从2019年的4%增加至7%；低碳情景下，电气化水平相比高碳情景提高2个百分点。两种情景下2025年交通领域能源消费结构如图7–5所示。

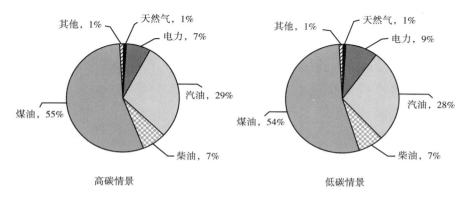

图7–5　北京市交通领域2025年能源消费结构

从交通能源结构优化方向来看，"十四五"期间电气化水平提升潜力主要集中在小客车、公共交通和公路货运等领域。由于航空领域油品消耗占交通用能一半以上，未来还将保持较快增长趋势，且短期内航空用能难以有成熟的清洁替代方案，对交通领域电气化水平提升形成较大约束。随着北京市小客车指标的逐渐缩减及新能源车指标的提升①，小客车领域通过电能对汽油消耗的替代对北京市交通电气化水平提升作出重要贡献。此外，通过在公共交通及公路货运领域进一步推进清洁能源替代，预计"十四五"期间，交通领域用电量新增规模约30亿~40亿千瓦时。

---

① 2018年度北京市小客车配置指标总量由15万个减少到10万个，其中新能源指标保持6万个不变，普通指标由9万个减少至4万个。

第四节　北京市交通电气化发展建议

北京市的人口增长和城市化水平扩张，导致交通出行需求和交通出行碳排放量不断增长。通过对北京"十四五"交通能源消费结构发展趋势的研究，结合北京市交通发展的实际状况，提出北京市电气化交通发展建议。

一是优化交通运输能源消费结构，加大新能源和清洁能源在城市公共交通、客货运输领域的应用。持续优化行业营运车辆结构，在城市公共交通和公路客货运领域分步骤推进新能源和清洁能源车辆，推动在市区至周边重点商务办公区之间定点定线运行的部分通勤班线上开展新能源旅游车示范，鼓励企业优先采用新能源车辆。通过经济鼓励的手段促使公交车、出租车公司以及居民更多地使用新能源汽车。同时，加大机动车技术创新的投资，鼓励企业研发出能效更高的机动车辆，增加新能源汽车的市场竞争力。

二是制定合理充电软硬件标准，促进充电设施互联互通。破除充电网络不互通、客户端复杂混乱等影响用户体验、降低充电桩利用率的行业壁垒，推动形成支持多家供应商充换电服务的统一客户端，以及具备投资竞争力的运维成本和收益分配机制，强化资源共享。规范充换电市场秩序，营造终端简约、价格低廉、运营可持续的充电服务。

三是支持新能源汽车"下乡"，挖掘农村市场。充分发挥农村院落利于充电、出行距离较短优势，促进新能源汽车"下乡"。考虑农村路况差、涉水多、生产活动频繁的生活方式，适度补贴农村地区运维服务，全面释放农村交通电气化发展潜能。

四是将充电基础设施建设纳入城乡建设规划。依托电动汽车发展布局，制定车桩比指标，并在土地价格高昂、充电成本回收期过长、充电服务对投资吸引力不足的城区，适度修订更新建筑规范。保证新建住宅特定比例停车位具备充电设施或预留建设安装条件，以及强化老旧小区周边充电基础设施建设用地支持等。

五是延长补贴退坡时间，调整激励结构。配合"新基建"发展布局，适度维持补贴力度，延长退坡时间。除新能源汽车整车购买之外，补贴还需惠及私人充电桩建设，私人充电桩建设补贴采用简约易行的申报方式和快捷的审批支付流程。

六是鼓励私人充电桩共享，拓展充电市场。优化私人充电桩共享条件，推动完善共享充电专用接口及运维费用分摊机制。探索私人充电桩共享单独计费的定价模式，适度考虑充电越多、费率越低的"倒挂式"定价方案，鼓励充电利用率高的用户进一步拓展充电服务。

第八章　北京市电力需求侧响应潜力评估及效益分析

第一节　电力需求侧响应潜力研究与实践

电力需求侧响应是指电力用户根据价格信号或激励措施，改变固有用电模式，减少（增加）用电。目前各级电网高峰负荷持续时间较低，超过最大用电负荷95%的持续时间普遍低于24小时，对应电量不超过全年用电量的0.5%。满足持续时间短的高峰负荷，仅仅依靠电源建设和电网建设方式，投资的经济性较差，需求侧响应有望成为保障电网安全稳定运行、提升系统效率效益的有效方式。

国内对需求侧响应潜力评估做了大量的研究，取得了较多的成果。李亚平等（2015）提出针对不同类型需求侧响应项目的潜力评估方法[1]；潘璠等（2011）考虑传统需求侧管理、用户互动及电动汽车并网作用，对广东电网需求侧响应潜力进行了研究[2]；刘军会等（2019）分析了河南省工业用户、大型商业用户以及居民用户需求侧响应特性对需求侧响应

---

[1]　李亚平、王珂、郭晓蕊等：《基于多场景评估的区域电网需求响应潜力》，载于《电网与清洁能源》2015年第7期。

[2]　潘璠、贾文昭、许柏婷等：《广东电网需求侧响应潜力分析》，载于《中国电力》2011年第12期。

潜力的影响①；王敬敏等（2009）对河北省各个行业的需求侧响应潜力进行了分析测算②。综合来看，电力需求侧资源特性各异、高度分散，如何评估需求侧响应潜力还处在不断探索之中。

从相关实践看，国内积累了一定的经验。自 2014 年起，上海、北京、江苏、浙江等省市电网相继实施削峰需求侧响应，响应负荷规模占当日最高用电负荷的比重最大达到了 4%。2014 年 7 月 9 日，上海市在国内首次完成需求侧响应试点，完成响应负荷 5.5 万千瓦；2015 年 8 月 12 日，北京市通过调动负荷集成商和电力用户，累计削减负荷约 7 万千瓦，占当日最高用电负荷的 0.4%，其中，工业企业 29 家，实现削减负荷约 6.2 万千瓦，商业建筑单位 36 家，实现削减负荷约 0.8 万千瓦；2016 年，江苏电网通过尖峰电价和可中断负荷补贴，工商业自主响应负荷 352 万千瓦，单次规模世界第一位，占到当日最高用电负荷的 4% 左右；2017 年 7 月 21～22 日，浙江省成功实施首次电力需求侧响应，实际响应负荷 5.1 万千瓦，有效保障了居民的夏季空调用电需求；2019 年 7 月 30 日，宁波市组织相关工业企业、商业写字楼和综合体开展需求侧响应，用户压减负荷共计 20.3 万千瓦。

第二节　电力需求侧响应潜力评估方法

■■■▶ 一、评估范围

一般来讲，参与需求侧响应的主体包含工业用户、商业用户和居民用户等。工业用户的优点是执行对象较为集中，单位用户执行容量大；

---

① 刘军会、田春筝、李虎军等：《河南省电力需求响应潜力评估与补贴资金来源研究》，河南省电机工程学会 2019 年优秀科技论文集，2019 年。

② 王敬敏、温玉倩、陈琳：《河北省电力负荷管理潜力分析及措施研究》，载于《电力需求侧管理》2009 年第 11 期。

商业用户、居民用户则主要控制空调等短时停电不严重影响供电服务质量的设备。

近年来，北京电网负荷持续攀升，空调等降温负荷增长明显。2019年，北京电网负荷达 2033.5 万千瓦，降温负荷占比约为 40%。从全年看，北京电网高峰负荷持续时间短，呈现明显的"点尖峰"特性。统计数据显示，北京电网负荷大于 70% 当年最大负荷的小时数约在 30～80 小时，占全年时长比重在 0.3%～0.9%；大于 95% 当年最大负荷的小时数不到 24 小时，占全年时长比重在 0.3% 以下，具有较大的需求侧响应潜力。

自从 2015 年开展过一次需求侧响应试点以后，受体制机制等因素制约，目前，北京需求侧响应以有序用电等行政性手段为主。考虑未来北京工业产业以疏解为主，未来工业用户需求侧响应潜力较小，北京地区"三产"及居民用电负荷占比较高，因此，北京开展需求侧响应潜力主要集中在商业、公共事业单位楼宇、居民用户以及电动汽车等新兴负荷。本研究重点针对北京商业用户和居民用户进行需求侧响应潜力评估。

（一）商业用户

商业用户参与需求侧响应的设备主要是中央空调，在需求侧响应分析中，商业用户主要包括批发、零售、住宿、餐饮、房地产等行业。

（二）居民用户

居民用户的群体数量庞大，通过家庭设备的数量来影响电力负荷，由于空调、冰箱等温控负荷所占的比例越来越大，本研究考虑空调、冰箱等家用电器参与需求侧响应。

➡ 二、评估流程

目前，需求侧响应潜力评估方法主要有自下而上法、用电过程分析法和价格弹性系数法等。其中，自下而上法通过选择典型用户负荷曲线作为样本，提取样本典型特征，进行行业需求侧响应潜力评估。整个区域的需求侧响应潜力由行业自下而上汇总得到①，评估流程大致分为三步。

（一）用户最大负荷预测

收集若干典型样本用户表征每一行业的负荷特性，以这些典型样本用户的负荷率为基础，计算出行业平均日负荷率。在此基础上，根据行业年用电总量以及未来水平年最大负荷增长率，即可评估行业最大负荷。未来水平年 t 行业 i 的最大负荷按下式预测：

$$P_{\max,i}^{t} = \frac{E_i\,(1+\rho_i)^t}{8760K_{p,i}} \tag{8-1}$$

其中，$P_{\max,i}^t$ 表示未来水平年 t 行业 i 的最大负荷，E_i 表示行业 i 当前年份的总用电量，$K_{p,i}$ 表示当前年份行业 i 的平均日负荷率，ρ_i 表示行业 i 最大负荷年均增长率。

（二）评估行业削峰比例

行业削峰比例 f_i 表示行业 i 的可削减负荷量与行业最大负荷的比值。不同行业的削减效果差别较大，需要根据行业类型确定。通过对典型样本用户进行评估，利用典型样本用户的平均削峰比例代表该行业削峰比例。

（三）评估系统需求侧响应潜力

系统的需求侧响应潜力还与不同用户群体的参与度有关。影响需求侧响应参与度的因素包括智能电表覆盖率、激励措施等，用户参与度具有阶段发展特性，随着技术和市场机制的不断完善而逐步提高。考虑不

---

① 李章允、王钢、丁茂生、汪隆君：《考虑负荷用电统计特性的需求响应潜力评估》，载于《中国科技论文》2017 年第 5 期，第 529～536 页。

同用户群体削峰比例、需求侧响应参与度以及最大负荷同时率，用户需求侧响应潜力按下式进行评估：

$$F = \sum_{i \in \Omega} P_{max,i}^t \eta f_i \alpha_i^t \qquad (8-2)$$

其中，F 表示区域需求侧响应潜力，η 表示行业间最大负荷同时率，f_i 表示行业 i 的削峰比例，α_i^t 表示未来水平年 t 行业 i 的用户参与度，Ω 表示行业的集合。

第三节　北京市需求侧响应潜力评估

商业和居民用户可通过调高空调设定温度、短时关停部分空调机组等方式参与需求侧响应，根据国内已开展的需求侧响应实践[1][2]以及实际调研情况，对北京市行业削峰比例进行评估，评估结果如表 8-1 所示。由于行业需求侧响应潜力还与用户参与度有关，对 2025 年和 2035 年各行业需求侧响应参与度进行评估，如表 8-2 所示。

表 8-1　　　　行业削峰比例评估结果　　　　单位：%

类别		削峰比例
居民用户		70
商业用户	批发和零售业	30
	住宿和餐饮业	30
	房地产业	25
	其他	22

---

① 刘利兵、刘天琪：《参与需求侧响应的空调负荷群调节控制方法及优化调度策略》，载于《工程科学与技术》2017 年增刊 1，第 175～182 页。

② 刘军会、田春筝、李虎军等：《河南省电力需求响应潜力评估与补贴资金来源研究》，河南省电机工程学会 2019 年优秀科技论文集，2019 年。

表 8-2   需求侧响应参与度评估结果   单位：%

类别		参与度	
		2025 年	2035 年
居民用户		20	40
商业用户	批发和零售业	40	55
	住宿和餐饮业	40	55
	房地产业	35	45
	其他	30	40

本研究基于北京市各行业用电历史数据，对北京 2021～2035 年最大负荷进行测算。测算结果显示，2025 年北京市最大用电负荷将达到 3300 万千瓦，到 2035 年北京市最大用电负荷将达到 4000 万千瓦。

在此基础上，对北京市 2025 年和 2035 年需求侧响应潜力进行评估，评估结果如表 8-3 所示。可以看出，到 2025 年，通过实施需求侧响应，可削减负荷 160 万千瓦，约占最大负荷的 4.8%。到 2035 年，需求侧响应的潜力有望进一步扩大至 420 万千瓦，约占最大负荷的 10.5%。需求侧响应将成为北京市保障电力供应、缓解常规电源建设压力的有效方式。

表 8-3   北京市需求侧响应潜力评估结果

年份	预测最大负荷（万千瓦）	需求侧响应潜力（万千瓦）	可削减负荷占比（%）
2025	3300	160	4.8
2035	4000	420	10.5

第四节 北京市实施需求侧响应的效益分析

根据北京市需求侧响应补贴标准，按照需求侧响应补贴 120 元/千瓦·次，假设一年组织 6 次需求侧响应，经测算，2025 年和 2035 年北京市实施需求侧响应成本将分别达到 11.5 亿元、30.2 亿元。通过实施需求侧响应，2025 年和 2035 年可分别减少电力缺口约 160 万千瓦、420 万千瓦，分别节省火电装机投资约 44.5 亿元、116.8 亿元，实施需求侧响应可获得可观的经济收益（见图 8-1）。

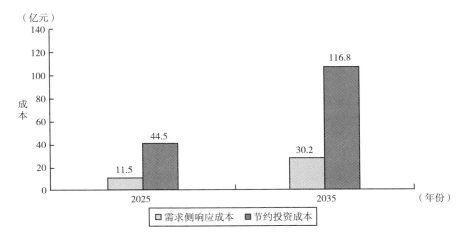

图 8-1　需求侧响应成本效益

实施需求侧响应，还具有广阔的环境效益和社会效益。北京市通过开展需求响应，可以降低高污染调峰电厂系统排放。同时，可最大限度地提高电力系统灵活性，缓解火电调峰压力，提高新能源利用率和电能利用效率，促进向低碳环保型社会的转变。

第五节　北京市实施电力需求侧响应的建议

北京市需求响应潜力巨大，但现阶段，北京市在需求侧响应执行中仍存在一些不足和挑战，如执行管理粗放、需求侧响应终端投资大、用户参与度较低等问题，需求侧响应潜力还没有完全发挥。对此，需要着重做好以下工作。

一、推动需求侧响应资源合理纳入电力规划

在规划阶段应充分考虑需求侧响应，明确政府、电力企业、用户责

任，形成需求侧响应资源利用的顶层设计和规范要求，降低电力发展成本，提升系统效率效益。

◆ 二、完善需求侧响应激励机制

健全包括尖峰电价、可中断负荷补偿、将用户侧资源纳入辅助服务市场等在内的需求响应激励机制。为克服投资障碍，可通过低息贷款、免费安装等方式激励用户，构建以市场需求为主导的电力需求侧管理长效实施机制，全面推动电力需求侧管理健康发展。

◆ 三、加大培育需求侧响应能力

调动负荷集成商和电力用户的积极性，考虑可行性、成本等因素，优先推动商业、居民等用户参与需求侧响应，鼓励引导用户参与需求侧响应改造，推动电动汽车的有序引导和控制。

◆ 四、推动完善需求侧响应相关技术

完善电网调度系统负荷精准控制、用户侧智能表计等功能，鼓励用户改进设备控制方式和能源管理方式，实现用户侧生产设备的改造升级，通过用电设备精细化管理控制提升用户管理水平和效率。

第九章　北京城市新型电力系统建设研究

第一节　北京城市新型电力系统建设基础

北京城市新型电力系统建设具有政策、技术、人才、产业等多方面优势，为引领新型电力系统建设、服务北京"双碳"进程、带动相关区域及产业低碳化转型提供了良好的基础。

▶ 一、北京在国家战略中的地位更加突出

《北京城市总体规划（2016—2035 年）》强调了北京作为首都的四个中心定位，即"政治中心、文化中心、国际交往中心和科技创新中心"，同时划定了北京的城市发展新目标——"要立足北京实际，突出中国特色，按照国际一流标准，坚持以人民为中心，建设国际一流的和谐宜居之都"。北京具有不同于一般城市的战略区位、城市功能和发展使命，对能源的安全、高效、清洁、低碳提出了更高的要求。加快构建城市新型电力系统，提高源网荷储协调互动能力以及电力与其他能源品种互通互济能力，推动新能源的高效以及多元化开发利用，是优化提升北京首都核心功能和人民生活水平的必然要求，是建设国际一流的和谐宜居之都的可靠保障。

二、北京能源基础设施建设基础及转型升级步伐全国领先

近年来，北京持续推动压减燃煤和清洁能源设施建设，全面实施各类用煤设施电力、天然气等清洁能源替代，加快推进全市范围的可再生能源规模化利用，加强坚强智能电网建设，大幅提升外调绿电规模与占比，打造以热电联产、燃气供热为主导的多种能源、多种供热方式相结合的清洁供热体系。这一较为成熟的多源多向、清洁高效、覆盖城乡的能源基础设施体系，为北京新型电力系统建设提供了良好的物理条件。

三、北京具有良好的新型电力系统构建环境

北京市政府出台了《北京市"十三五"时期节能降耗及应对气候变化规划》等一系列政策，有力推动了北京市清洁能源及相关产业发展；确定了绿色发展模式，对能效、环保考核力度较大，率先实行能源消费总量和强度"三级双控"机制，深入推进绿色建筑、绿色交通等重点领域绿色低碳行动计划以及提升公民生态文明意识行动计划[①]，居民、企业有较好的环保意识与环保需求；加速推动智慧城市建设，提出到 2022 年基本建成具有国际领先水平的新型基础设施[②]，为城市新型电力系统构建提供了智慧化的核心支撑手段。

四、北京城市新型电力系统构建具有先进的技术及产业优势

北京具有首都科技创新中心优势，拥有门类齐全的新能源产业，在新能源领域拥有全国最密集的研发机构，新能源研发技术位居全国前列；建成了我国最先进的智能城市配电网，年均停电时间小于 21 秒，拥有首套全综合管廊的电缆供电系统以及首套"零闪动"低压配电系统，对城

---

① 出自《北京市"美丽中国，我是行动者"提升公民生态文明意识行动计划（2021—2025 年）实施方案》。
② 出自《北京市加快新型基础设施建设行动方案（2020—2022 年）》。

市新型电力系统构建发挥了关键支撑作用；拥有国内数量最大的新能源汽车和充电设施，建成了覆盖公用、专用、自用多领域的城市 10 分钟智慧充电生态圈。

北京城市新型电力系统构建有利于落实国家"碳达峰、碳中和"目标，响应国家对首都城市发展、能源革命的要求，促进北京城市能源系统向清洁低碳、安全高效、产业创新的方向发展。具体价值体现在：一是有利于促进城市能源结构的绿色低碳转型，以城市能源领域的率先深度脱碳，加快推进首都生态文明建设；二是有利于促进多能互补和梯级利用，提升城市能源综合利用效率；三是有利于能源碳排放以及运行管理服务的精细化、便捷化，促进能源与城市的协调发展，提升城市治理水平；四是有利于加快绿色低碳能源新技术的突破和应用，促进城市培育新业务、新业态和新经济。

第二节 北京城市新型电力系统建设特点

城市作为当前阶段"碳达峰、碳中和"主战场，需结合城市电力系统多方位优势与特点，以城市新型电力系统建设承载城市能源转型，平稳推进城市"双碳"进程。

➡ 一、基本内涵与特征

总体来看，北京城市新型电力系统是城市清洁低碳、安全高效能源体系的重要组成部分，是以清洁能源为供给主体、以确保电力安全为基本前提、以满足经济社会发展用能需求为首要目标、以坚强智能电网为枢纽平台、以源网荷储互动与多能互补为支撑的电力系统，具有清洁低碳、安全可控、灵活高效、智能友好、开放互动等基本特征。

——清洁低碳。形成清洁主导、电为中心的城市能源供应和消费体系。

生产侧实现多元化、清洁化、低碳化，分布式能源规模化开发，绿电占外来电比重持续提升，新能源得以大规模、高效率开发与消纳；消费侧实现高效化、减量化、电气化，依托电能替代推动终端产业绿色低碳转型。

——安全可控。系统泛在感知能力全面提高，新能源具备主动支撑能力，分布式、微电网"可观可测可控在控"，城市电网规模合理、结构坚强，安全防御体系完善、水平高，系统韧性、弹性和自愈能力强。

——灵活高效。发电侧、负荷侧调节能力强，电网侧资源配置能力强，电网成为各能源品种间灵活转化、相互支撑的基础性平台，以电力为核心实现各类能源互通互济、灵活转换，通过电热耦合、电氢耦合等推动新能源多元化利用，挖掘系统灵活调节潜力，系统整体效率高。

——智能友好。高度数字化、智慧化、网络化，实现对海量分散发供用对象的智能协调控制，实现源网荷储各要素友好协同，实现与工业、建筑、交通等垂直产业的融合发展，实现对经济社会活动的广泛服务与深度赋能。

——开放互动。适应各类新技术、新设备及多元负荷大规模接入，与电力市场紧密融合，能源电力回归商品属性，各类市场主体广泛参与、充分竞争、主动响应、双向互动，参与行业治理的途径多元、能动性强。

▰▰▰➡ 二、形态与外延特性

北京城市新型电力系统的构建受城市、技术、产业和政府治理发展趋势等重要因素的影响。

——城市发展趋势。"职住均衡"＋"产城融合"成为新的发展趋势，将产生大量区域综合能源系统，有力推动分布式能源的高效开发及就近消纳；"多中心"城市规划成为新趋势，区域级和城市级能源协同优化趋势日益明显；北京城市副中心、北京大兴国际机场临空经济区、"三城一区"等重点功能区域高水平开发建设，能源电力设施安全可靠保障能力和精细智慧管理服务水平要求同步提高。

　　——技术发展趋势。海量分布式能源、新能源汽车等可变广义负荷广泛接入，进一步加剧了城市新型电力系统的随机性与波动性，P2X 技术逐渐成熟加强了电热、电氢等能源系统间耦合互动，"大云物移智链"等新一代信息通信技术与能源技术的深度融合，为新型电力系统全息感知、泛在互联、即时决策能力提供支撑，全面提高新型电力系统"可观可测可控"水平，推动调度、运维、检修等关键业务进一步智能化升级，提升新型电力系统安全性。

　　——产业发展趋势。城市新型电力系统相关产业将出现大量以绿色低碳能源技术为核心竞争力的专精特新的专业化企业，并向全国辐射，创新创业潜力空间较大。在能源消费侧，金融、信息服务、科技服务等现代服务业持续发展，服务型、都市型能源需求特征更加明显，提供清洁低碳的高品质多元化用能服务以及碳管理等衍生价值服务的企业将成为城市新型电力系统产业新生力量。

　　——政府治理发展趋势。随着首都治理体系和治理能力现代化建设大力推进，以及城市碳排放管理要求的逐步提高，政府对城市能源精细管理的需求日益迫切，同时以能源大数据为核心手段，进一步提升对城市经济社会活动的运行监控及预测研判能力，全面提高城市现代化治理水平。

　　因此，北京城市新型电力系统建设不仅是各环节物理形态的演化升级，更涉及对建筑交通等产业赋能，在"双碳"进程下将成为多元功能价值的重要载体。

　　从物理系统视角看，北京城市新型电力系统是源、网、荷各环节形态的演变升级。从电源看，分布式能源实现规模化开发，外来电在能源供给中占较高比重且绿电占比持续提升，系统不确定性、弱可控性持续提升，火电机组应急调峰价值凸显。从电网看，高比例新能源及储能、新能源汽车等广义新型负荷接入，实现了大规模、多主体的广泛互联网，同时系统电力电子化特性突出，转动惯量低、调节能力下降，电网需进一步向灵活柔性、安全可控方向发展。从负荷看，能源消费电气化发展，配电网有源化，成为电氢、电热等多能灵活转换重要环节，"产消者"广泛存在，负荷形态由传统的刚性、纯消费型电力负荷，向柔性、生产与消费兼具的主导形态转变。

从系统耦合视角看，北京城市新型电力系统涉及领域广，对涉及领域赋能作用、带动作用及服务作用突出。从涉及领域来看，新型电力系统发展涉及领域日益丰富，融通耦合程度不断提高。新型电力系统赋能垂直产业绿色低碳转型，主要以清洁能源为载体、数字化为联接、用能技术为切入口，推动交通、建筑等领域技术路线、工艺流程以低碳用能方式实现重塑。新型电力系统建设进一步依托新型基础设施等共建、共享、共治服务公共服务领域、社会治理领域。

从价值承载视角看，"双碳"下北京城市新型电力系统将承载多元化功能价值。首先，承载清洁能源供给使命，有力推动科学有序的电能替代，将有利于北京能源率先实现碳达峰，支持北京整体"双碳"进程，为经济社会相关行业转型升级争取缓冲空间。其次，在创新引领上，新型电力系统直指"双碳"进程的关键挑战，有利于充分发挥北京的创新资源集聚优势，超前布局材料、电力电子器件等基础性共性关键技术以及 P2X 等战略新兴技术，抢占"双碳"领域标准制定等方面话语权。最后，新型电力系统产业具有链条长、涉及领域广、带动作用强等特点，会催生一系列关键链条的"链长"企业及在特定领域具有独特优势的独角兽企业。北京的特殊位置将有利于发挥全国性的辐射作用，带动上下游各类型小微企业发展，形成融合共生的新型电力系统产业生态。

第三节 北京城市新型电力系统建设思路及重点任务

▶ 一、建设思路

当前北京新型电力系统建设尚处于示范应用推广的初级阶段，下一步可重点关注两个方面的协同推进：一方面，着重加强新型电力系统基础设施建设，推动电力和其他能源品种间、能源和信息间的互联互通，基于城市智慧能源管理平台优化城市能源消费总量、利用效率、碳排放总量等综合指标。另一方面，加强融合赋能，重点培育城市新型电力系统新业务、新业态和新经济的蓬勃发展，赋能垂直产业绿色低碳转型。

（一）着重加强新型电力系统基础设施建设

要以电力为中心、清洁能源为主体，持续推动屋顶光伏等分布式能源的开发建设，以一体化规划为切入口实现电、气、热等各能源系统互联互济，打通城市不同能源系统之间的业务壁垒及数据交互壁垒，提高新型电力系统基础设施成熟水平。

（1）坚持本地挖潜与外部调入并重，超前谋划京津冀周边新能源基地建设，加强华北特高压及 500 千伏骨干网架建设，加大新能源电力输入通道建设；大力开展新型储能、相变蓄热、电解水制氢等绿色低碳技术研发与示范推广，推动城市电力及燃气、热力、氢能等各能源品种各环节智慧化升级及互通互济，通过虚拟电厂等数字化、智能化技术应用，聚合电动汽车、分布式光伏、储能等用户侧资源，推动源网荷储一体化协调运行。

（2）大力开发城市新型电力系统的技术支撑与价值驱动作用，以统一标准化接口和协议为基础，重点突破物联网平台、通信网架构、网络信息安全等关键技术；充分利用北京已建成的各类平台基础，推动存量平台系统的互联互通和价值利用，打通不同能源品类、不同管理部门之间的业务及数据壁垒。

（3）由政府主导新建园区、新建建筑群的综合能源系统统一规划，融合新型电力系统相关产业协同做好顶层设计；打破能源企业合作壁垒，以清洁能源为主体、电力为核心、多种能源集成优化作为园区能源系统发展的主导方向，鼓励能源企业创新合作机制、突破行业壁垒，形成合力；通过园区综合示范项目，推动能源供应商、设备产品制造商与信息技术产业和能源技术产业高度融合发展。

（二）加强融合赋能

基于电力与其他能源品种、能源与信息系统间的互联互通，重点以能源与垂直产业的融合发展为切入口，通过"引流赋能＋共享生态"的智慧运营模式，赋能交通、建筑等重点领域的绿色低碳转型。

（1）"智能＋"渗入能源系统各个环节，以信息安全、大数据、人工智能、区块链等技术为基础，实现能源信息系统的跨界融合；以能源流、数据流为路径实现从"能源"向交通、建筑等重点领域延伸，以电能替代推动交通、建筑等领域的深度脱碳，以智慧能源形态赋能重点领域产业升级与绿色低碳化转型。

（2）推动各能源子系统积极融入城市规划、智慧交通规划、建筑能源规划、暖通规划等城市发展相关领域，紧密把能源系统发展与城市高质量发展相结合；积极推进各能源子系统之间的能源交互、信息交互及业务融合，通过能量流、信息流、价值流三流双向交互，实现能源子系统之间、能源与其他产业间的业务融合发展。

（3）利用生态圈的资源整合效益分摊城市新型电力系统基础设施建设成本，填补城市新型电力系统基础建设的投资空白区。鼓励各类孵化平台充分以应用场景为导向定向培育新型电力系统相关新业务、新技术，鼓励具有技术需求的企业突破体制机制约束、开放投资各类有前景、有潜力的新业务、新业态、新模式。以共建、共治、共享、共赢实现城市新型电力系统稳定、持久、长期发展。快速推广具有成熟商业模式的综合示范项目经验，持续推进"技术迭代＋商业模式迭代"，进一步扩大生态圈规模发展红利；传统能源企业基于已有信息基础、能源基础设施和稳定客户资源，以孵化培育产业为途径全面进入。"新型能源企业＋生态跨界企业"全面进入生态圈，对象包含但不限于新能源企业、能源服务企业、互联网企业和设备制造商等。

⋯⋯➤ 二、重点任务

推动城市新型电力系统的发展，要充分发挥规划引领作用，以电力为核心、综合能源规划为载体，加快推动一批示范项目落地，形成示范带动效应，促进城市能源基础设施与城市同步发展，着力打造城市智慧能源管理平台。

（1）开展以电力为核心的城市综合能源规划。将城市综合能源专项规划融入城市发展规划，包括城市能源规划、城市电力规划、城市热力规划、城市能源新型基础设施规划、城市建筑规划及城市交通规划等，推动城市新型电力系统融入北京城市发展，实现能源子系统与城市其他子系统的深度融合。加强各类型能源品种一体化规划，加强城市电力与其他能源品种间的协调对接，实现物理信息一体化，推动城市地下综合管廊建设与智慧化管理，加强涉能基础设施间建设时序、线位选择、工程规模、状态监测、运维检修等方面的协调。能源交通一体化过程中，实现充电桩布局、充放电调节和交通流量疏导等匹配。由于城市土地稀缺，电、气、冷、热管网布局宜综合规划，实施管廊一体化规划。

（2）推动新型电力系统标志性示范项目建设，打造展现北京城市魅力和绿色低碳重要创新成果的特色示范性场景。聚焦"三城一区"、北京城市副中心、新机场、冬奥赛区等重点区域，集聚资源开展多元化新能源利用和新消费形态的建设，加速绿色低碳新技术、新产品、新模式的落地应用，加强碳中和楼宇、园区等示范建设，探索绿色低碳的"能源互联网＋"建设模式、商业模式、运营模式及服务模式，打造绿色低碳、智慧友好的标志性示范项目工程，不断积累建设经验，形成可推广的建设模式，以点带面推动城市新型电力系统建设。

（3）把握北京新基建建设机遇，加快推动城市新型能源基础设施建设与广泛覆盖，提高新型电力系统"可观可测可控"水平及灵活调节能力。一是发展智能光伏、智慧储能设施，加快推动充电设施网络、智慧互联网络及服务体系建设，推动储能、充换电设施等融入城市基础设施的协同发展及老旧小区改造工程，成为城市新型电力系统的重要支撑单元，提高城市新型电力系统灵活可控水平；二是建设数字化应用基础设施，持续深化智能融合终端的研发升级与建设推广，实现海量分布式能源、储能等广义可变负荷信息基础设施覆盖，全面提高城市新型电力系统"可观可测可控"能力；三是加快新型能源基础设施互联互通，以电力为核心、用能为切入口，推动主要企业及居民用户接入统一管理平台，提升首都新型电力系统服务范围与水平。

（4）立足北京智慧城市建设，以物联网、大数据、区块链、人工智能等技术为支撑，构建以开放共享为主要特征的城市智慧能源管理平台。利用大数据、区块链、人工智能等先进技术，统一数据及技术标准，推动多品类能源联合优化，打破不同能源、不同管理部门之间的数据壁垒，推动建设城市智慧能源管理平台，形成数字化、协同化的城市能源管理。推动能源信息与城市其他信息开放共享，打造面向园区、工矿企业、楼宇等各类客户的定制化能源管理子系统，广泛接入各类客户，吸引社会各界参与平台互动，依托能源大数据开展城市经济活动监测、住房空置率分析等社会治理典型场景应用，加强对宏观决策与政策评估的支撑作用，发展城市数字能源平台经济模式。

（5）加强新型电力系统与各类型公共安全保障平台的共建、共享、共治，打造一体化的城市公共安全保障体系。推动城市新型电力系统故障实时监测与分析定位，提高城市新型电力系统故障精准识别、抵御与自愈能力，建设智慧城市网络安全态势感知预警系统，加强城市新型电力系统的网络安全保障，增强城市大数据中心安全韧性，推动城市新型电力系统监测体系与消防预警、安全生产、环境监测、危化品管理等系统的融合共享，完善城市应急联动系统与区域协同应急响应机制，实现城市安全隐患的协同高效处理，提高城市公共安全保障水平。

（6）发挥北京市创新资源集聚优势，夯实新型电力系统科技创新能力建设。加强北京高校的新型电力系统基础学科能力建设，充分发挥北京高校与科研院所密集的科研优势，推动能源、信息、通信及材料等相关行业学科交叉融合，培养新型电力系统相关高端复合型人才及契合产业发展的实用型人才，开展北京市新型电力系统重点实验室建设，推动新型储能等城市新型电力系统共性、基础性、前瞻性技术研发，加强新型电力系统相关标准制定，打造政产学研用金"六位一体"的城市新型电力系统协同创新平台，加速新技术、新产品、新模式的推广应用。

（7）强化新型电力系统建设政策支持。发展规划方面，科学制定碳达峰行动路线图，因地制宜制定城市新型电力系统专项规划，明确关键指标，并融入北京城市发展规划，增强建设发展驱动力；市场机制方面，推动构建城市新型电力系统市场运营与监管机制，建立储能设施投资回报机制，建立健全容量补偿与容量市场机制，提高市场主体积极性，推动电力市场与碳交易市场的协同发展；法律法规方面，完善绿色建筑等相关标准，多措并举推动绿色交通发展，将电动汽车有序充电等负荷控制技术纳入地方标准，出台新能源电力消纳行动计划，明确电网企业、售电公司和直接交易用户等各主体的消纳责任；推动建立数据权属保护法律法规，规范数据资源开发利用准则，对不同层次参与主体实行差别化准入机制，推动重点行业强制接入；优惠补贴方面，推动建立优惠补贴机制，通过税收、补贴、融资等多种方式，促进关键领域突破、清洁能源发展和综合能源服务示范项目落地。

第十章　北京通州运河核心区能源规划案例分析

第一节　城区能源规划方法研究

城区能源规划主要针对城市某一城区能源系统开展精准规划，从涉及能源的品种及环节来看，城区能源规划重点针对热力供应全环节及煤、电、气等能源品种的末端配送环节，规划过程主要包括规划目标设定及边界界定、终端用能需求预测、城区可用资源分析、能源供应方案设计等。

一、规划目标设定及边界界定

规划目标设定及边界界定是能源规划全环节的前提，需要充分反映所在城区发展阶段及政府、开发商、居民等多主体诉求。随着我国经济社会进入高质量发展阶段，城区能源规划目标已由传统保障能源供应为主向清洁低碳、安全高效的多目标转变。城区能源规划目标设定通常以量化指标为主要设定形式，如城区内可再生能源利用率、碳排放强度、能耗强度等，同时用能成本降低等反映企业及居民用户诉求的目标在城区能源规划中所占权重日益增加。因此，城区能源规划目标的设定，需要合理分配各类诉求所占权重，研究兼顾政府、开发商、用户等各方利益的可行性方案。

二、终端用能需求预测

终端用能需求预测是城区能源供应方案设计的基础，直接关系供能技术的种类选择及布局规模，决定了城区能源供应设备的利用率及投资效益。城区终端用能需求预测总体分为外推法与相关法两大类。

外推法适用于历史数据完备的现有城区能源系统扩展，主要通过历史数据构建用能需求与时间、人口数量、产业规模、建筑面积、居民可支配收入等相关因素的量化关系，并基于相关因素的发展趋势拟合未来终端用能需求，因此外推法对于历史数据的质量及数量要求较高，同时拟合准确度受所选取因素的相关性影响较大。根据用能需求相关因素选取及数据可获取等情况，可选择神经网络模型、灰色系统理论、时间序列方法等具体模型或方法进行预测。

相关法是实际规划过程中常用的终端用能需求预测方法，主要通过对标发展程度相似的城区及相同性质的用地，或参考政府颁布的各品种能源规划规范（见表 10-1），选取适当的人均用能及负荷密度等指标，并基于人口数量及建筑面积等方面的规划数值预测终端用能需求，因此相关法对人口、用能等相关历史数据并无要求，尤其适用于历史数据缺乏的新建城区。需要注意的是，人均用能及负荷密度等指标通常更新较慢，随着产业结构调整、节能技术应用推广、用能习惯等用能需求相关因素变化，所选取指标或对标城区可能已不适用于当前城区用能需求预测，并使城区用能需求预测数值偏大，进而导致能源供给设备利用率低，城区能源系统效率、效益低下，亟须对各类指标进行校核与更新。

表 10-1　　　　我国城市电力规划人均综合用电量指标

城市用电水平分类	人均综合用电量［千瓦时／（人·年）］	
	现状	规划
用电水平较高城市	4501~6000	8000~10000
用电水平中上城市	3001~4500	5000~8000

续表

城市用电水平分类	人均综合用电量［千瓦时／（人·年）］	
	现状	规划
用电水平中等城市	1501～3000	3000～5000
用电水平较低城市	701～1500	1500～3000

资料来源：《城市电力规划规范》GBT 50293–2014（150501）。

■■■➡ 三、城区可用资源分析

城区可用资源分析是能源供应方案设计的前置条件，同时也是城区能源规划目标设定需要考虑的重要现实边界。分能源品种来看，城区所消耗的天然气、电力等通常由外部地区保障供给，重点分析天然气管网及电网等设施现状年分布情况；城区太阳能、风能及地热能等分布式能源是当前政府关注的重点，也是城区可用资源分析的重点。

城区可用资源主要与资源分布情况及可用建设空间相关。以太阳能资源为例，从太阳能资源辐照量来看，我国太阳能资源分布大致上可分为五类地区（见表10-2），其中一类、二类、三类地区的年日照时数大于2000小时，具有良好的太阳能利用条件，约占全国总面积的2/3；四类、五类地区的太阳能利用价值相对较低。从可用建设空间来看，分布式光伏是城区太阳能资源的主要利用形式，主要安装于屋顶、停车场、公交站及电动汽车充电站等区域。随着技术进步及安装空间逐渐饱和，太阳能资源利用逐渐向漂浮式光伏电站及光伏幕墙等区域扩展。

表10-2 中国太阳能资源辐照量分布

地区类型	年日照时数（小时／年）	年辐射总量（兆瓦／平方米·年）	包括的主要地区	备注
一类	3200～3300	6680～8400	宁夏北部，甘肃北部，新疆南部，青海西部，西藏西部	太阳能资源最丰富地区
二类	3000～3200	5852～6680	河北西北部，山西北部，内蒙古南部，宁夏南部，甘肃中部，青海东部，西藏东南部，新疆南部	较丰富地区

续表

地区类型	年日照时数 （小时/年）	年辐射总量 （兆瓦/平方米·年）	包括的主要地区	备注
三类	2200～3000	5016～5852	山东，河南，河北东南部，山西南部，新疆北部，吉林，辽宁，云南，陕西北部，甘肃东南部，广东南部	中等地区
四类	1400～2000	4180～5016	湖南，广西，江西，浙江，湖北，福建北部，广东北部，陕西南部，安徽南部	较差地区
五类	1000～1400	3344～4180	四川大部分地区，贵州	最差地区

■■■➤ 四、城区能源供应方案设计

城区能源供应方案设计是城区能源规划的最终产出，主要结合城区可用资源，通过设计合理的供能技术类型、规模及布局等，在实现规划目标的情况下满足终端用能需求。

城区能源供应方案设计普遍需要遵循"品位对应、梯级利用"的原则。集中式能源供应是城区供暖和供冷服务的成熟解决方案，能够通过管道实现多源与多用户的高效连接，供能效率、灵活性及可靠性通常更高，同时方便实现集中投资与开发，具有良好的规模经济效益。此外，通过余热回收等装置实现能量的梯级利用，以及通过相变蓄热等成熟的储能设备平抑可再生能源及负荷波动，均是集中式能源供应提高经济性与环保性的常用手段。需要说明的是，相对于集中供热在北方地区的普及，集中供冷尚在推广过程中，用户选择家用空调等供冷方式的意愿较强。

第二节　通州运河核心区能源规划案例分析

■■■➤ 一、通州运河核心区能源规划目标设定及边界界定

通州运河核心区位于北京通州新城五河交汇处，规划面积约 16 平方

公里。本案例所选取的能源规划区域界定为图 10 – 1 中虚线划定区域，面积约为 8 平方公里，划定范围东至北京六环路，西至新华南北路，北至京哈高速，南至新华大街。

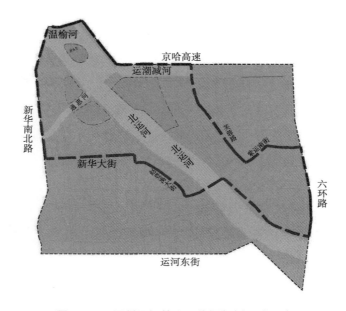

图 10 – 1　通州运河核心区能源规划区域示意

　　通州运河核心区是北京建设中国特色世界城市的先行区、实验区和示范区，作为现代化国际新城建设和发展的战略引擎区，以高端商务为主体、以创意发展为动力、以总部形态为特征，是疏解中心城商务功能、提升消费功能、补充国际功能、集聚文化功能的重要空间载体。为充分服务通州运河核心区经济发展、创造宜居的生活环境，结合通州运河核心区规划，设定通州运河核心区能源规划目标及边界界定为：（1）提高系统环保性：实现 100% 利用清洁能源，其中可再生能源占比大于 10%；（2）提高能源开发与利用效率：提高本地分布式能源开发规模，单位GDP 能耗降低 20% 以上；（3）提高系统经济性：降低全系统开发成本及居民用能成本。

---➡ **二、通州运河核心区终端用能需求预测**

通州运河核心区是核心高端商务功能区，主要建筑类型是商务酒店、高档办公楼、写字楼、购物中心、休闲娱乐中心、高档住宅区等，各类建筑分布如图 10 - 2 所示。因此，终端用能需求类型主要包括冬季供暖需求、夏季供冷需求、生活热水需求、用电需求及炊事用能需求。

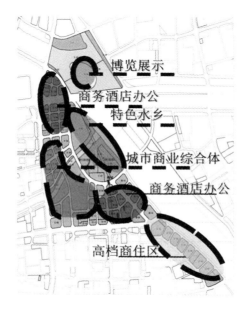

图 10 - 2　通州运河核心区建筑类型示意

通州运河核心区是新建城区，考虑历史数据缺乏及通州区规划情况，采用基于负荷密度指标的相关法预测未来用能需求。依据北京市政府与通州区政府对新城的高端定位与供能要求，住宅建筑要在现有三步节能标准的基础上再节能 15%，公建建筑在现有节能标准的基础上再节能 30%，选取预测指标，如表 10 - 3 所示。

根据通州区规划，所规划区域的建筑面积约 12 平方公里，其中公共建筑约占 80%，住宅建筑约占 20%，计算可得通州运河核心区用能年需求总量及最大负荷，如表 10 - 4 所示。

表 10 – 3 能源预测指标汇总

建筑分类	采暖负荷（瓦/平方米）	冷负荷（瓦/平方米）	生活热水（瓦/平方米）	用电负荷（瓦/平方米）	炊事负荷（立方米/平方米·天）
公建	52	70	2.0	20	0.015
住宅	40	—	—	12	0.009

表 10 – 4 通州运河核心区用能需求

用能需求	年需求总量（万吉焦/年）	最大负荷（兆瓦）
冬季供暖需求	354	460
夏季供冷需求	290	672
生活热水需求	24	221
用电需求	348	68
天然气供应需求	33	19

三、通州运河核心区可用资源分析

（一）可用热力资源分析

根据通州运河核心区市政规划，核心区原有分散式燃煤锅炉房将全部拆迁。由于供热系统服务半径通常较短，考虑供热经济效益，热力供应主要依托运河核心区周边的竹木厂燃气调峰锅炉房（供热能力 348 兆瓦）、城西 5 号燃煤锅炉房（供热能力 220 兆瓦）、玉桥南里燃气调峰锅炉房（供热能力 232 兆瓦）及三河热电厂（供热能力 700 兆瓦）。如图 10 – 3 所示，热力管网主要覆盖在东至九棵树东路、西至新城西界、南至新城南界、北至核心区新华大街区域。

（二）通州运河核心区可用燃气、电力资源分析

通州新城范围内燃气、电力供应如图 10 – 4 所示。燃气供应方面，目前通州新城主要分布有五环路的高压 B 调压站和六环路的高压 A 调压站，核心区分布有天然气管道，无调压设施。电力供应方面，现状年核心区内无大型电力设置，电力管线主要为架空线。

图 10-3　通州新城范围内热源、热网示意

图 10-4　通州新城范围内天然气设施分布及电力设施规划示意

（三）通州运河核心区其他可用资源分析

如图 10-1 所示，通州运河核心区位于通州五河交汇处，其中北运河与运潮减河水资源丰富、流量充足，北运河取水河段在冬季最低温度为 3℃，最高为 14℃，平均温度为 7℃～10℃，水源水可利用温差 6℃～8℃；夏季最低温度为 19℃，最高为 30℃，平均温度为 25℃～28℃，水源水可利用温差 7℃；可以利用热泵满足周边区域集中供冷、供热需要。大运河西岸水乡区域，地下土壤温度相对稳定，冬季可从土壤中取热用于供暖，夏季向土壤排热用于制冷。此外，通州运河核心区具有一定的太阳能资源，考虑到供能稳定性，可适度采用中低温的太阳能热利用方式辅助供热。

四、通州运河核心区能源供应方案设计

结合城区可用资源分析，初步判定通州运河核心区适用的能源供应设施包括燃气冷热电联供机组、燃气锅炉、水源热泵、地源热泵、电制冷设备、太阳能供热系统及各类储能设备等。依照能源"品位对应、梯级利用"原则与方法，建立以能源中心供应为主、其他能源供应为辅的能源综合供应模式，如图 10-5 所示。根据通州新城规划，需重点开发地源及水源的热能资源，为方便阐述，将运河核心区总体划分为热泵综合供应区域（见图 10-5 三角形区域）及能源中心供应区域（图 10-5 菱形区域）。

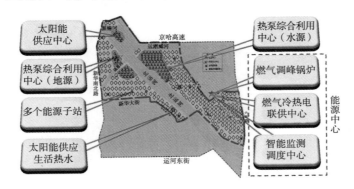

图 10-5　运河核心区能源供应方案设计

（一）能源中心供应区域

能源中心供应区域建筑面积约 10 平方公里，根据测算，总热负荷需求为 383 兆瓦，冷负荷需求为 560 兆瓦，公共建筑生活热水负荷需求 15.8 兆瓦。总体供应方案如图 10－6 所示，供热主要依靠能源中心提供 130℃／70℃高温热水，经热力管网输送至各能源子站，总供热能力为 412 兆瓦，并建设太阳能供应系统辅助承担 4.56 兆瓦的生活热水负荷；供冷利用能源中心提供的高温热水作为驱动能源，采用溴化锂吸收式制冷技术承担区域供冷的基础负荷，供冷能力约为 80 兆瓦，采用电制冷与蓄冷技术进行辅助与调峰；生活热水供应优先采用能源中心供给，并在各能源子站建设太阳能生活热水供应系统进行辅助与调峰；电力及天然气供应根据市政规划由外部接入。

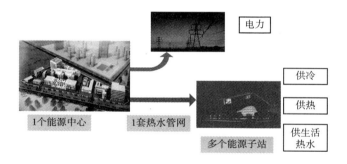

图 10－6 能源中心供应区域供能方案设计

能源中心规划方案如图 10－7 所示，能源中心天然气供应由市政接入，依托燃气冷热电联供中心，通过余热回收机组产生高温热水，所发高品位电能通过并网向电网公司出售；依托燃气锅炉，结合余热回收设备产生高温热水。能源中心向各能源子站输送热能的动力来自能源中心的供水压力，无须消耗其他能源。

各能源子站供热方面，依托换热机组将能源中心的高温热水进行换热，在过渡季依托电制热设备及太阳能热水供应系统提供生活热水；供冷方面，依托热水型溴化锂吸收式制冷机组提供供冷基础负荷，辅以电制冷与冰蓄冷设备进行时段性调节。

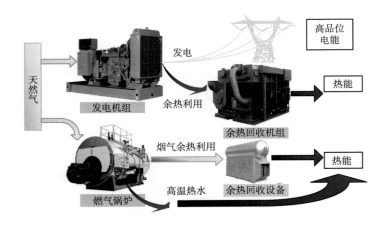

图 10 - 7　能源中心供能方案设计

(二) 热泵综合供应区域方案设计

　　热泵综合供应区域建筑面积约 2 平方公里，根据测算，总热负荷需求为 77 兆瓦，冷负荷需求为 112 兆瓦，公共建筑生活热水负荷需求为 3.2 兆瓦。总体设计方案为：依托热泵综合利用中心，优先采用水源、地源、污水源热泵开发运河两岸丰富的河水、污水及浅层地能资源，并建设太阳能供应系统辅助承担 0.91 兆瓦的生活热水负荷（见图 10 - 8）。

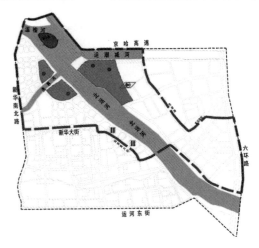

图 10 - 8　热泵综合供应区域示意

热泵综合利用中心规划方案如图 10－9 所示，水源热泵主要位于北运河与运潮减河交汇地区，地源热泵主要位于大运河西岸水乡区域，用以满足区域内大规模集中供冷、供热需求，并建设蓄能水池开展蓄能调峰。

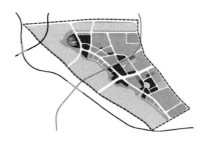

（a）水源热泵供应区域

（b）地源热泵供应区域

图 10－9　热泵供应区域

第十一章　北京昌平未来科技城 "能源谷"

第一节　城市能源产业变革机遇

能源行业是国家经济发展的命脉，能源行业转型升级对于加速地区"双碳"进程、带动上下游产业发展、拉动地区 GDP 增长、保障经济社会稳定运行具有重要意义。同时，新一轮科技革命和产业变革蓬勃兴起，并与我国加快转变经济发展方式形成历史性交汇，能源革命与数字革命也处于加速融合发展阶段，我国能源行业进入转型升级的重大机遇期。

创新是引领发展的第一动力，技术进步将成为推动行业转型及产业升级的关键性因素。习近平总书记强调，要推动能源技术革命，带动产业升级。[①] 近年来，随着能源技术进步及成本下降，我国新能源产业规模持续扩大，新能源产业发展速度与实力引领全球；各地政府积极开展氢能产业布局，加大加氢站等基础设施建设及关键技术研发投入，抢占氢能产业发展先机；传统能源企业积极拥抱数字化，借助产业互联网赋能行业转型升级，同时新型能源互联网企业以数字化为核心切入口重塑市场格局。

从我国城市自身发展来看，中心城市和城市群正在成为承载发展要

---

① 《积极推动我国能源生产和消费革命》，载于人民网，2014 年 6 月 14 日。

素的主要空间形式，具有引领能源产业变革的先决条件。长久以来，人才、技术、土地、资金等生产要素通常由农村向城市单向流动，造就了城市快速发展的同时，进一步带来了集聚效应，为城市能源发展及产业变革提供了优良的人才、技术及资金储备。能否抢抓碳达峰、碳中和重大战略机遇，依托核心技术创新推动能源产业升级，并赋能工业、建筑、交通等产业发展，是"双碳"进程下事关城市重塑产业格局、优化产业结构、打造核心竞争力的战略性问题。

第二节　未来科学城"能源谷"建设基础条件

近年来，北京坚定落实国家创新驱动发展战略，发挥首都科技创新优势，加快打造世界主要科学中心和创新高地，力争率先建成国际科技创新中心。"三城一区"建设是中央为北京发展、建设具有国际影响力的创新中心而提出的宏伟战略。

"十四五"期间，北京将加快建设"三城一区"主平台：中关村科学城围绕人工智能、量子信息、区块链等重点方向，加快战略高技术突破，深度链接全球创新资源，打造科技创新出发地、原始创新策源地和自主创新主阵地，力争率先建成国际一流科学城；怀柔科学城强化以物质为基础、以能源和生命为起步科学方向，深化院市合作，加快形成重大科技基础设施集群，努力打造成为世界级原始创新承载区，聚力建设"百年科学城"；未来科学城紧抓生物技术、生命科学、先进能源、数字智造等发展机遇，加强东西联动，推进"两谷一园"建设，加快打造全球领先技术创新高地、协同创新先行区、创新创业示范城；北京经济技术开发区瞄准集成电路、医药健康、新能源智能汽车、新材料、智能装备等产业领域高端发展需求，加快建成北京经济发展新增长极，打造具有全球影响力的高精尖产业主阵地。

未来科学城位于北京市昌平区南部，是北京建设全国科技创新中心

"三城一区"主平台之一。2019 年以来，昌平区政府着力依托国内领先的能源产业与科技资源，在未来科学城东区建设具有国际影响力的"能源谷"，扩大未来科学城能源产业影响，快速抢占能源领域国际科技高地。

1. 能源产业资源

截至 2021 年底，昌平区共有先进能源规上企业 186 家，能源产业年产值超过千亿元，其中未来科学城的能源企业分布密集，业务领域覆盖煤炭、石油、天然气、可再生能源等一次能源品种及电力、氢能等二次能源品种，能源产业集聚效应明显。目前，中石油、中石化、中海油等油气公司，国家能源集团、华电集团、华能集团、大唐集团、国电投集团等发电公司，以及国家电网公司均在未来科学城设立了分支机构，东泰高科、未来氢谷、英维克、百利时等民营高科技企业均已完成入驻。此外，"能源谷"规划建设 178 万平方米的研发办公空间，为能源产业发展提供充足的承载空间。

2. 能源科技资源

昌平区先进能源领域的人才、高校、研发机构、平台等创新要素集聚，覆盖基础前沿研究、关键技术攻关、中试验证、工艺化和产品化等创新链关键环节，在氢能、能源互联网等领域与产业链前端技术落地转化、规模化和产业化等环节能够紧密衔接。目前，昌平区分布有华北电力大学、中国石油大学、清华大学核能与新能源技术研究院等关联大学和研发机构，建立石油与天然气工程、新能源科学与工程等一级学科，华北电力大学开设全国首个氢能本科专业，支撑能源领域基础研究和人才培养。同时，"能源谷"集中入驻了国网智能电网研究院有限公司、北京低碳清洁能源研究院等一批能源领域高端研发机构。截至 2021 年，"能源谷"已集聚 9000 余名能源科研人才，累计建成 46 个国家级和北京市重点实验室、工程技术中心，组建了 20 个氢能技术、核能材料等协同创新平台。近年来，"能源谷"研发机构的创新成果集中涌现，已经在特高压直流输电、氢燃料电池、煤炭清洁高效利用、CCUS 等方面实现了行业引领。

第三节　未来科学城"能源谷"建设建议

▶ 一、先进能源技术方向布局

先进能源技术是以能源前沿技术为基础，借助与先进材料技术、数字化技术等融合，实现能源领域基本原理突破、集成式创新或变革式应用，影响深、涉及广、周期长、不确定性大的战略性技术。先进能源技术具有对现有能源技术性能极大提升、功能补充或替代、对能源资源价值深度挖掘与创造的功能特点，引领甚至颠覆能源产业、重塑产业结构、重组价值网络、催生新业态新模式的产业特点，以及创新引领、前沿与实用相结合、政产学研协同推进的发展特点。主要包括煤炭等传统化石能源的清洁高效利用，风能、太阳能、核能等新能源的高效开发及利用，电能、氢能等二次能源的安全高效存储传输，及其衍生的材料、装备等研发，以及与新一代信息通信技术相融合产生的智慧能源相关技术等。

未来科学城"能源谷"建设，需紧抓"碳达峰、碳中和"战略机遇期，以落实"四个革命、一个合作"能源安全新战略为目标，结合未来科学城能源产业及科技资源，加强先进能源技术方向布局，引领带动发展现代能源经济，为赋能经济社会绿色发展转型注入新动力。

一是重点提高氢能与燃料电池技术自主化及产业化水平。氢能具有来源丰富、能量密度高、终端利用无污染等优点，近期将在电能替代相对困难的重型卡车等领域取得较快发展。然而当前我国氢能与燃料电池产业尚不成熟，其核心是技术自主化及产业化水平不足，缺乏国际话语权，未来可能陷入"自己搭台、别人唱戏"而又受制于人的新的"卡脖子"情况。氢能与燃料电池产业必须以创新引领开拓新蓝海，可着力依托"能源谷"相关企业在氢燃料电池领域的技术积累突破关键环节"卡脖子"技术，推动核心技术的示范应用，提高核心技术装备可靠性、耐久性及国产化水平，围绕氢能及燃料电池产业上中下游强链补链，积极培育产业生态、形成高新企业集聚的产业生态圈，并进一步拓展构建多元化、全链条的绿氨生产和应用等示范场景，切实降低全产业链成本，提高产业竞争力。

二是加大针对性的先进储能技术的研发与应用。随着大规模可再生能源发展及终端电气化水平持续提升，储能产业发展前景日益广阔，高安全、长寿命、大容量、低成本、可回收、具有长周期调节能力成为储能技术主要发展方向。目前储能产业处于商业化前期，储能设备供应商对动力电池的传统路径依赖依然严重，缺乏对能源系统各环节的针对性研发与应用。昌平区可发挥"能源谷"相关企业在能源专业技术及储能研发技术方面的综合性优势，加快先进储能技术研发及在能源系统的商业化应用，同时推动相变蓄热等多样化储能技术研发。

三是加强能源综合利用研究，开展新型电力系统示范项目建设。随着分布式能源及多能转换技术的不断成熟，综合能源产业取得快速发展，并有望撬动万亿级别服务市场。作为国家级新能源示范城市，昌平区在分布式光伏、太阳能热利用、热泵余热利用等方面均有相对成熟的产业，可在此基础上率先建立低碳能源示范区，将分布式光伏、地热及热泵系统、生物质能、储能等各类能源整合利用，加强示范区各类能源的协调互补和梯级利用，建立高效、智能、互动的能源终端供应系统，力争实现近零排放，打造国际影响力。

四是强化能源互联网创新链产业链全链条，提高产业竞争力。能源互联网是将先进信息通信技术、控制技术与能源技术深度融合的先进能源技术，有利于实现能源综合高效利用和灵活便捷的接入，能够有力支撑能源电力清洁低碳转型。能源互联网全链条呈现出技术方向众多，创新链、产业链链条长且高价值环节多的特点。当前宜充分利用"能源谷"产业及科技资源优势，结合大型央企的业务布局，积极培育及引进"链主"企业，发挥"链主"作用加强产业集聚，并依托政产学研用金推动有条件的技术成果就近就地转化，催生能源互联网领域的独角兽企业。

五是加强新型能源基础设施建设，推动场景化技术开发与应用。当前，产业互联网着力于利用先进的数字化技术对能源等各垂直行业进行连接与赋能。未来需进一步引导发展能源"新基建"，加快5G、人工智能、工业互联网、物联网等新型基础设施与能源基础设施融合，稳当前、利长远。推进现代信息通信技术与能源生产与消费场景的深度融合，开展场景化模型及算法开发，并在应用过程中快速迭代，利用昌平科技园的技术优势推广智慧用能和增值服务，应用智能楼宇、智能家居、智慧交通等技术，提升终端能源消费智能化。

六是加强共性、基础性、关键性技术的自主研发能力。"十三五"期间，我国能源技术取得了长足的发展，然而自主创新、原始创新能力依然不足，尤其是关键领域的部分基础性技术对外依赖严重。随着国际形势日益复杂多变，能源技术"卡脖子"及商业化推广能力不足的问题进一步凸显，推动能源高质量发展动力尚显不足。可依托国网智能电网研究院有限公司等"能源谷"研发机构，着力加强能源领域工控芯片、低功耗高精度传感器、碳化硅器件等关键元器件研发，降低核心技术的对外依赖程度。

二、"能源谷"建设政策与策略

昌平区"能源谷"建设，需立足国家战略需求，结合"双碳"推进进程，落脚于北京市经济高质量发展，以先进能源技术为方向，充分发挥昌平区国家级新能源示范城市的区位优势，通过深化政产学研用金深度融合，以政策赋能、打造平台、发展能源金融、提供试验田等"组合拳"，促进各方科研力量形成合力，培育新技术新模式新业态，打造全国乃至全球的创新链、产业链。

一是瞄准关键赛道，采取部分先进能源优先培育的建设策略。根据北京市功能定位，结合昌平城市及能源产业发展条件，当前阶段宜重点培育综合能源技术、能源互联网技术、氢能与燃料电池、先进容量型储能、二氧化碳大规模捕获、能源大数据技术等先进能源技术，尤其是聚焦能源互联网、氢能等基础好、链条长、创新能力强、产业高价值环节多的高成长细分领域关键赛道，注重兼顾重投入和轻资产两种技术方向，以城市试验田来支持能源产业发展，提供必要的应用土壤。

二是注重"软硬"兼备，采取能源科技和高端智库双轮驱动发展模式。依托昌平显著的区位优势、科技资源优势、产业集聚发展优势及技术研发优势，支持国家级能源高端智库建设，形成"软硬"两手兼备的独特优势，以战略引导科技研发方向及产业布局，以能源科技和高端智库双轮驱动高新技术产业加快发展，把昌平建设成为具有较强自主创新能力及产业孵化能力的科技强区。

三是加强生态培育，推动各主体的优势资源整合。结合国家治理体系现代化建设，考虑推进央地混改，特别是政府资源、大学资源、企业资源的整合，形成技术、市场、资金等优势互补的多种组合形态，为打通政产学研、整合昌平区各研究力量提供体制机制及资本赋能。同时注重能源产业高端峰会建设，推动峰会建设由平台化向组织化发展，依托峰会加强政、产、学、研、用、金等各方资源灵活整合，形成产业落地核心模式与能力，并进一步推动国家级能源高端智库建设。注重发挥创新链、产业链"链主"企业价值，吸引一批具有发展潜力的上下游链属企业，补全链条关键环节、重点要素。

四是推动示范引领，着力培育"十四五"期间重大项目及科技成果。加强昌平区国家级新能源示范城市发展战略顶层设计，结合"十四五"智慧能源发展等国家战略，开展与智慧城市融合发展的城市智慧能源示范区建设，为政策、技术、金融、平台等提供整体布局。同时注重加强与城市园区及建筑、工业、交通等重点行业的结合，形成并推广各领域与先进能源交叉融合的新技术新业态新模式。通过加强重大项目示范等，加快培育重大科技成果，提高产业核心竞争力。

五是提升国际视野，整合利用国际及国内两种资源。以全球视野，聚焦能源领域智能制造与智慧发展，注重塑造能源领域国际化论坛品牌，提高"能源谷"的国际影响力，打造国际化的先进能源领域创新合作平台，依托昌平及国际其他城市能源技术领先城市的企业、技术资源，打造国际领先能源科技区位优势，形成技术、专家、产业等各类"一带一路"合作，依托示范园区的资金、政策支持加强国际人才、技术等的引进，发起基于场景应用的技术转让、专业培训、测试平台建设，发布"开发者"科技计划、"城市能源投资指引"等白皮书产品。

附 表

表 1 高碳情景下的北京能源供应总量及结构

类型	2019 年		2025 年		2030 年		2035 年	
总量	供应量（万吨标准煤）	供应结构（%）	供应量（万吨标准煤）	供应结构（%）	供应量（万吨标准煤）	供应结构（%）	供应量（万吨标准煤）	供应结构（%）
	7360	100	8031	100	8589	100	8447	100
煤炭	148	2.0	41	0.5	43.415	0.5	18	0.2
石油	2472	33.4	2616	31.9	2370	27.3	2239	24.9
天然气	2553	34.5	2829	34.5	3030	34.9	3048	33.9
本地非化石能源	274	3.7	320	3.9	417	4.8	494	5.5
外来电	1954	26.4	2394	29.2	2822	32.5	3191	35.5

表 2 低碳情景下的北京能源供应总量及结构

类型	2019 年		2025 年		2030 年		2035 年	
总量	供应量（万吨标准煤）	供应结构（%）	供应量（万吨标准煤）	供应结构（%）	供应量（万吨标准煤）	供应结构（%）	供应量（万吨标准煤）	供应结构（%）
	7360	100	7954	100	8430	100	8230	100
煤炭	148	2.0	40	0.5	17	0.2	0	0.0
石油	2472	33.4	2548	31.7	2282	27.2	1979	23.0
天然气	2553	34.5	2677	33.3	2727	32.5	2693	31.3
本地非化石能源	274	3.7	354	4.4	462	5.5	534	6.2
外来电	1954	26.4	2419	30.1	2903	34.6	3399	39.5

表 3　　　　　　　高碳情景下的北京电力需求、电源装机及结构

类别	2019 年		2025 年		2030 年		2035 年	
电力需求（亿千瓦时）	1160		1349		1503		1589	
外来电占比（%）	64.9		66.0		67.0		68.1	
总装机	装机规模（万千瓦）	装机结构	装机规模（万千瓦）	装机结构	装机规模（万千瓦）	装机结构	装机规模（万千瓦）	装机结构
	1316	100	1449	100	1565	100	1630	100
水电	18	1.4	18	1.2	18	1.2	18	1.1
抽水蓄能	80	6.3	80	5.5	80	5.1	80	4.9
风电	20	1.6	44	3.0	90	5.8	110	6.7
气电	996	78.9	1000	69.0	1000	63.9	1000	61.3
煤电	77	6.1	77	5.3	77	4.9	77	4.7
太阳能发电	30	2.4	180	12.4	230	14.7	250	15.3
生物质能发电	42	3.3	50	3.5	70	4.5	95	5.8

表 4　　　　　　　低碳情景下的北京电力需求、电源装机及结构

类型	2019 年		2025 年		2030 年		2035 年	
电力需求（亿千瓦时）	1160		1385		1580		1690	
外来电占比（%）	64.9		66.5		67.5		68.5	
总装机	装机规模（万千瓦）	装机结构	装机规模（万千瓦）	装机结构	装机规模（万千瓦）	装机结构	装机规模（万千瓦）	装机结构
	1316	100	1500	100	1605	100	1705	100
水电	18	1.4	18	1.2	18	1.1	18	1.1
抽水蓄能	80	6.3	80	5.3	80	5.0	80	4.7
风电	20	1.6	50	3.3	100	6.2	160	9.4
气电	996	78.9	1000	66.7	1000	62.3	1000	58.7
煤电	77	6.1	77	5.1	77	4.8	77	4.5
太阳能发电	30	2.4	215	14.3	250	15.6	270	15.8
生物质能发电	42	3.3	60	4.0	80	5.0	100	5.9

表 5　　　　　　高碳情景下的北京分产业终端能源消费总量及结构

终端能源消费总量 （万吨标准煤）		2019 年	2025 年	2030 年	2035 年
		7400	7693	8211	8067
占比 （%）	第一产业	0.8	0.5	0.5	0.4
	第二产业	19.7	13.7	10.7	7.8
	第三产业	54.0	60.6	63.5	66.8
	生活消费	25.5	25.2	25.3	24.9

表 6　　　　　　低碳情景下的北京分产业终端能源消费总量及结构

终端能源消费总量 （万吨标准煤）		2019 年	2025 年	2030 年	2035 年
		7400	7614	8055	7850
占比 （%）	第一产业	0.8	0.5	0.5	0.3
	第二产业	19.7	13.3	10.6	8.0
	第三产业	54.0	60.5	63.5	66.8
	生活消费	25.5	25.7	25.5	24.9

表 7　　　　　　高碳情景下的北京终端能源消费电气化水平
（按发电煤耗法计算）

类型		2019 年	2025 年	2030 年	2035 年
电能占终端 消费比例 （%）	总占比	24.8	27.2	30.3	33.2
	生活消费	23.4	26.9	31.5	37.4
	商业	42.9	48.3	52.5	57.3
	交通	4.9	6.0	7.3	8.3

表 8　　　　　　低碳情景下的北京终端能源消费电气化水平
（按发电煤耗法计算）

类型		2019 年	2025 年	2030 年	2035 年
电能占终端 消费比例 （%）	总占比	24.8	29.0	33.7	37.7
	生活消费	23.4	29.1	35.5	43.2
	商业	42.9	44.9	56.1	62.1
	交通	4.9	7.0	8.6	9.8

表 9 北京能源行业碳排放总量及强度

	指标	2019 年	2025 年	2030 年	2035 年	2050 年
高碳情景	碳排放量（万吨）	14391	14588	14126	12783	2225
	碳排放强度（吨/万元）	0.534	0.419	0.325	0.241	0.028
低碳情景	碳排放量（万吨）	14391	14303	13673	12328	1437
	碳排放强度（吨/万元）	0.534	0.411	0.315	0.232	0.018

表 10 各地对于碳达峰、碳中和的工作部署

序号	地区	碳达峰目标及主要措施
1	北京	2021 年提出碳中和时间表、路线图。"十四五"时期，北京生态文明要有明显提升，"碳排放"稳中有降，"碳中和"迈出坚实步伐，为应对气候变化作出北京示范。要加强细颗粒物、臭氧、温室气体协同控制，突出碳排放强度和总量"双控"。推进能源结构调整和交通、建筑等重点领域节能。严格落实全域全过程扬尘管控。实施节水行动方案，全市污水处理率达到 95.8%。加强土地资源环境管理，新增造林绿化 15 万亩
2	天津	制定实施碳排放达峰行动方案。推动钢铁等重点行业率先达峰和煤炭消费尽早达峰。完善能源消费双控制度，协同推进减污降碳，实施工业污染排放双控，推动工业绿色转型
3	上海	制订全市碳排放达峰行动计划。着力推动电力、钢铁、化工等重点领域和重点用能单位节能降碳，确保在 2025 年前实现碳排放达峰。启动第八轮环保三年行动计划。加快产业结构优化升级，深化能源清洁高效利用，进一步提高生态系统碳汇能力，积极推进全国碳排放权交易市场建设，推动经济社会发展全面绿色转型
4	重庆	推动绿色低碳发展，健全生态文明制度体系，构建绿色低碳产业体系，开展二氧化碳排放达峰行动，建设一批零碳示范园区，培育碳排放权交易市场
5	河北	制定实施碳达峰、碳中和中长期规划，支持有条件市县率先达峰。开展大规模国土绿化行动，推进自然保护地体系建设，打造塞罕坝生态文明建设示范区。强化资源高效利用，建立健全自然资源资产产权制度和生态产品价值实现机制。完善能源消费总量和强度"双控"制度，提升生态系统碳汇能力，推进碳汇交易，加快无煤区建设，实施重点行业低碳化改造，加快发展清洁能源，光电、风电等可再生能源新增装机 600 万千瓦以上，单位 GDP 二氧化碳排放下降 4.2%

续表

序号	地区	碳达峰目标及主要措施
6	山西	把开展碳达峰作为深化能源革命综合改革试点的牵引举措，2021年研究制定行动方案。推动煤矿绿色智能开采，推动煤炭分质分级梯级利用，抓好煤炭消费减量等量替代。建立电力现货市场交易体系，完善战略性新兴产业电价机制，将能源优势特别是电价优势进一步转化为比较优势、竞争优势。加快开发利用新能源。开展能源互联网建设试点。探索用能权、碳排放交易市场建设
7	辽宁	2021年科学编制并实施碳排放达峰行动方案。大力发展风电、光伏等可再生能源，支持氢能规模化应用和装备发展。建设碳交易市场，推进碳排放权市场化交易。围绕安全保障，提出能源综合生产能力达到6133万吨标准煤
8	吉林	2021年制定二氧化碳排放达峰行动，加强重点行业和重要领域绿色化改造，全面构建绿色能源、绿色制造体系，建设绿色工厂、绿色工业园区，加快煤改气、煤改电、煤改生物质，促进生产生活方式绿色转型。支持白城建设碳中和示范园区。深入推进重点行业清洁生产审核，挖掘企业节能减排潜力，从源头减少污染排放，发展壮大环保产业。支持乾安等县市建设清洁能源经济示范区。创建一批国家生态文明建设示范市县和"绿水青山就是金山银山"实践创新基地
9	江苏	制定实施二氧化碳排放达峰及"十四五"时期行动方案，加快产业结构、能源结构、运输结构和农业投入结构调整，扎实推进清洁生产，发展壮大绿色产业，加强节能改造管理，完善能源消费双控制度，提升生态系统碳汇能力，严格控制新上高耗能、高排放项目，加快形成绿色生产生活方式，促进绿色低碳循环发展，力争提前实现碳达峰
10	浙江	2021年启动实施碳达峰行动，开展低碳工业园区建设和"零碳"体系试点；优化电力、天然气价格市场化机制；大力调整能源结构、产业结构、运输结构，非化石能源占一次能源比重提高到20.8%，煤电装机占比下降2个百分点；加快淘汰落后和过剩产能，腾出用能空间180万吨标准煤；加快推进碳排放权交易试点。"十四五"期间非化石能源占一次能源比重提高到24%，煤电装机占比下降到42%
11	安徽	2021年制定实施碳排放达峰行动方案。严控高耗能产业规模和项目数量。推进"外电入皖"，全年受进区外电260亿千瓦时以上。推广应用节能新技术、新设备，完成电能替代60亿千瓦时。推进绿色储能基地建设。建设天然气主干管道160公里，天然气消费量扩大到65亿立方米。扩大光伏、风能、生物质能等可再生能源应用，新增可再生能源发电装机100万千瓦以上。提升生态系统碳汇能力，完成造林140万亩
12	福建	2021年制定实施二氧化碳排放达峰行动方案，支持厦门、南平等地率先达峰，推进低碳城市、低碳园区、低碳社区试点。强化区域流域水资源"双控"。加大批而未供和闲置土地处置力度，推进城镇低效用地再开发。深化"电动福建"建设。实施"绿色施工"行动，坚决打击盗采河砂、海砂行为。大力倡导光盘行动，革除滥食野生动物等陋习，有序推进县城生活垃圾分类，推广使用降解塑料包装。积极创建节约型机关、绿色家庭、绿色学校

序号	地区	碳达峰目标及主要措施
13	江西	制订碳达峰行动计划方案，协同推进减污降碳。"十四五"期间，围绕2030年前二氧化碳排放达峰目标和2060年前实现碳中和的愿景，以"降碳"为抓手，大力推进碳市场建设，建立健全应对气候变化管理体系，协同推进应对气候变化与生态环境治理，促进经济社会发展绿色转型升级
14	山东	降低碳排放强度，制定"碳达峰、碳中和"实施方案。打造山东半岛"氢动走廊"，大力发展绿色建筑。2021年加快建设日照港岚山港区30万吨级原油码头三期工程。抓好沂蒙、文登、潍坊、泰安二期抽水蓄能电站建设。压减一批焦化产能。严格执行煤炭消费减量替代办法，深化单位能耗产出效益综合评价结果运用，倒逼能耗产出效益低的企业整合出清
15	河南	2021年制定碳排放达峰行动方案。构建低碳高效的能源支撑体系，实施电力"网源储"优化、煤炭稳产增储、油气保障能力提升、新能源提质工程，增强多元外引能力，优化省内能源结构。探索用能预算管理和区域能评，完善能源消费双控制度，建立健全用能权、碳排放权等初始分配和市场化交易机制
16	湖北	2021年研究制定碳达峰方案，开展近零碳排放示范区建设。加快建设全国碳排放权注册登记结算系统。大力发展循环经济、低碳经济，培育壮大节能环保、清洁能源产业。推进绿色建筑、绿色工厂、绿色产品、绿色园区、绿色供应链建设。加强先进适用绿色技术和装备研发制造、产业化及示范应用。推行垃圾分类和减量化、资源化利用。深化县域节水型社会达标创建。探索生态产品价值实现机制
17	湖南	发展环境治理和绿色制造产业，推进钢铁、建材、电镀、石化、造纸等重点行业绿色转型，大力发展装配式建筑、绿色建筑。支持探索零碳示范创建。全面建立资源节约集约循环利用制度，实行能源和水资源消耗、建设用地等总量和强度双控，开展工业固废资源综合利用示范创建，加强畜禽养殖废弃物无害化处理、资源化利用，加快生活垃圾焚烧发电等终端设施建设。抓好矿业转型和绿色矿山、绿色园区、绿色交通建设。倡导绿色生活方式
18	广东	落实国家"碳达峰、碳中和"部署要求，分区分行业推动碳排放达峰，深化碳交易试点。加快调整优化能源结构，大力发展天然气、风能、太阳能、核能等清洁能源，提升天然气在一次能源中占比。研究建立用能预算管理制度，严控新上高耗能项目。制定更严格的环保、能耗标准，全面推进有色、建材、陶瓷、纺织印染、造纸等传统制造业绿色化低碳化改造。培育壮大节能环保产业，推广应用节能低碳环保产品，全面推行绿色建筑
19	海南	2021年研究制定碳排放达峰行动方案。清洁能源装机比重提升至70%，实现分布式电源发电量全额消纳。推广清洁能源汽车2.5万辆，启动建设世界新能源汽车体验中心。推广装配式建造项目面积1700万平方米，促进部品部件生产能力与需求相匹配。扩大"禁塑"成果，实现替代品规范化和全流程可追溯。推进热带雨林国家公园建设，完成核心保护区生态搬迁。"十四五"时期清洁能源装机比重达80%左右，可再生能源发电装机新增400万千瓦。清洁能源汽车保有量占比和车桩比达到全国领先

序号	地区	碳达峰目标及主要措施
20	四川	2021年制定二氧化碳排放达峰行动方案，推动用能权、碳排放权交易。持续推进能源消耗和总量强度"双控"，实施电能替代工程和重点节能工程。倡导绿色生活方式，推行"光盘行动"，建设节约型社会，创建节约型机关
21	贵州	划定落实"三条控制线"。实施"三线一单"生态环境分区管控。推进绿色经济倍增计划，创建绿色矿山、绿色工厂、绿色园区。倡导绿色出行，公共领域新增或更新车辆新能源汽车比例不低于80%，加强充电桩建设。实施资源有偿使用和生态补偿制度，推广环境污染强制责任保险制度，健全生态补偿机制，推动排污权、碳排放权等市场化交易
22	云南	争取部省共建国家级绿色发展先行区。持续推进森林云南建设和大规模国土绿化行动，全面推行林长制。促进资源循环利用，为国家碳达峰、碳中和作贡献。深入开展污染防治行动。全面推进美丽城乡建设
23	陕西	2021年编制省级达峰行动方案。加快实施"三线一单"生态环境分区管控，积极创建国家生态文明试验区。积极推行清洁生产，大力发展节能环保产业，深入实施能源消耗总量和强度双控行动，推进碳排放权市场化交易。倡导绿色生活方式，推广新能源汽车、绿色建材、节能家电、高效照明等产品，开展绿色家庭、绿色学校、绿色社区、绿色出行等创建活动
24	甘肃	2021年编制碳排放达峰行动方案。用好碳达峰、碳中和机遇，推进能源革命，加快绿色综合能源基地建设，打造国家重要的现代能源综合生产基地、储备基地、输出基地和战略通道。坚持把生态产业作为转方式、调结构的主要抓手，推动产业生态化、生态产业化，促进生态价值向经济价值转化增值，加快发展绿色金融，全面提高绿色低碳发展水平。鼓励甘南开发碳汇项目，积极参与全国碳市场交易。健全完善全省环境权益交易平台
25	青海	率先建立以国家公园为主体的自然保护地体系。推动生产生活方式绿色转型，大幅提高能源资源利用效率，主要污染物排放总量持续减少，主要城市空气优良天数比例达到90%左右。完善生态文明制度体系，建立生态产品价值实现机制，优化国土空间开发保护格局，国家生态安全屏障更加巩固
26	黑龙江	要推动创新驱动发展实现新突破，争当共和国攻破更多"卡脖子"技术的开拓者。落实碳达峰要求。因地制宜实施煤改气、煤改电等清洁供暖项目，优化风电、光伏发电布局。建立水资源刚性约束制度
27	内蒙古	编制自治区碳达峰行动方案，协同推进节能减污降碳。做优做强现代能源经济，推进煤炭安全高效开采和清洁高效利用，高标准建设鄂尔多斯国家现代煤化工产业示范区。加快生态建设。坚持保护优先、恢复为主，统筹推进山水林田湖草综合整治工程，持续打好污染防治攻坚战。深入创建国家级森林城市，探索实施"林长制"，稳步推进"四个一"工程建设，加强燃煤锅炉、机动车污染管控，确保大气环境质量PM2.5年均值稳定达到国家二级标准，优良天数比例达到90%以上

续表

序号	地区	碳达峰目标及主要措施
28	广西	加强生态文明建设，深入推进污染防治攻坚战，狠抓大气污染防治攻坚，推进漓江、南流江、九洲江、钦江等重点流域水环境综合治理，开展土壤污染综合防治。开展自然灾害综合风险普查，提升全社会抵御自然灾害的综合防范能力。统筹推进自然资源资产产权制度改革，促进自然资源集约开发利用和生态保护修复
29	西藏	编制实施生态文明高地建设规划，研究制定碳达峰行动方案。深入打好污染防治攻坚战。深入实施重大生态工程。深化生态安全屏障保护与建设。持续推进"两江四河"流域造林绿化、防沙治沙等重点工程。加强重点流域水生态保护
30	宁夏	完善区域联防联控机制，推进重点行业超低排放改造，加大老旧柴油货车淘汰，大幅减少重污染天气。实行能源总量和强度"双控"，推广清洁生产和循环经济，推进煤炭减量替代，加大新能源开发利用，实现减污降碳协同效应最大化
31	新疆	立足新疆能源实际，积极谋划和推动"碳达峰、碳中和"工作，推动绿色低碳发展。加强生态环境建设，统筹开展治沙治水和森林草原保护，持续开展大气、水污染防治和土壤污染风险管控，实现减污降碳协同效应。力争到"十四五"末，全区可再生能源装机规模达到8240万千瓦，建成全国重要的清洁能源基地

表11　　　全国、北京和上海近年来关于智慧城市发展相关政策

（截至2020年5月）

地区	时间	政策
全国	2012年11月	住建部发布《关于开展国家智慧城市试点工作的通知》
	2014年8月	八部委印发《关于促进智慧城市健康发展的指导意见》
	2015年11月	国家标准委、中央网信办、国家发展改革委联合印发《关于开展智慧城市标准体系和评价指标体系建设及应用实施的指导意见》
	2017年10月	习近平总书记在党的十九大报告中提出，推动互联网、大数据、人工智能和实体经济深度融合，建设数字中国、智慧社会
	2019年5月	习近平总书记在向国际人工智能与教育大会的致贺信中表示，人工智能是引领新一轮科技革命和产业变革的重要驱动力，推动人类社会迎来人机协同、跨界融合、共创分享的智能时代
	2019年11月	习近平总书记在上海考察时强调，抓好"政务服务一网通办""城市运行一网统管"，把分散式信息系统整合起来，做到实战中管用、基层干部爱用、群众感到受用
	2020年3月	习近平总书记赴浙江考察时，在杭州城市大脑运营指挥中心指出，让城市更聪明一些、更智慧一些，是推动城市治理体系和治理能力现代化的必由之路，前景广阔

续表

地区	时间	政策
北京	2010 年	《中共北京市委关于制定北京市国民经济和社会发展第十二个五年规划的建议》提出建设智慧城市战略目标
	2012 年 3 月	《智慧北京行动纲要》发布
	2012 年 12 月	《北京市智慧社区指导标准》发布
	2016 年 1 月	"北京通"技术标准研发完成,可实现金融、公交、医疗、养老、缴费等各种功能一卡通
	2016 年 12 月	《北京市"十三五"时期信息化发展规划》提出,到 2020 年,北京成为智慧城市建设示范区
	2017 年 5 月	北京市加快推进"互联网+政务服务"工作方案发布
	2017 年 7 月	《关于在深化医改中推进北京地区医疗机构公用移动宽带网络基础设施建设的通知》提出,推动"互联网+医疗"深入发展
	2017 年 12 月	北京市交通委联合北京市公安交管局、北京市经济信息委等部门发布《北京市关于加快推进自动驾驶车辆道路测试有关工作的指导意见(试行)》和《北京市自动驾驶车辆道路测试管理实施细则(试行)》
	2018 年 2 月	"国家智能汽车与智慧交通(京冀)示范区海淀基地"作为北京市首个自动驾驶车辆封闭测试场正式启用
	2018 年 3 月	《大兴区新型智慧城市总体规划》及《大兴区推进新型智慧城市建设行动计划(2018—2020 年)》发布
	2018 年 3 月	北京市西城区国税局上线使用"智能人像信息比对系统",实现"刷脸办税"功能,进一步落实实名办税工作
	2018 年 4 月	习近平总书记在全国网络安全和信息化工作会议上强调,通过智慧城市建设为城市可持续发展提供最优方案
	2018 年 12 月	《北京城市副中心控制性详细规划(街区层面)(2016—2035 年)》提出建设"智能融合的智慧城市"
	2019 年 1 月	《北京市 5G 产业发展行动方案(2019—2022 年)》提出,将 5G 技术在智慧社区、智慧家庭等领域广泛应用
	2019 年 4 月	未来科学城能源智能监测系统建成,实现建筑能源消耗信息化、精细化、智能化管理
	2019 年 5 月	怀柔科学城创新小镇正式投用,紧扣绿色生态智慧人文的建设理念,包括创新中心、政务中心、众创街区、创新广场、创客公寓、智慧公园 6 大功能区

	时间	政策
北京	2019 年 7 月	北京市首个 5G 新型智慧社区在海淀志强北园小区建成
	2019 年 7 月	北京市教育委员会印发《北京促进人工智能与教育融合发展行动计划》
	2019 年 10 月	北京市大数据工作推进小组办公室发布《关于通过公共数据开放促进人工智能产业发展的工作方案》
	2019 年 12 月	北京市经信局印发《北京市机器人产业创新发展行动方案（2019—2022 年）》
	2020 年 1 月 8 日	北京市规划和自然资源委员会印发《北京市 5G 及未来基础设施专项规划（2019—2035 年）》
	2020 年 1 月 31 日	北京市疫情地图在北京市政务数据资源网上线试运行，直观展示北京市各区累计确诊疫情病例、累计治愈数量及当前疫情分布等情况
	2020 年 2 月 3 日	北京市发布《关于进一步支持打好新型冠状病毒感染的肺炎疫情防控阻击战若干措施》，要求促进大数据和人工智能应用，发挥科技创新对疫情防控的支撑作用
	2020 年 2 月 11 日	海淀区（中关村科学城）疫情防控"城市大脑"试运行，大数据分析立体化跟踪预警
	2020 年 2 月 14 日	智能外呼机器人、疫情问询机器人等在亦庄社区上岗
	2020 年 3 月 16 日	北京市出台《关于全力做好疫情防控工作保障企业有序复工复产的若干措施》，提出使用"北京健康宝""北京定制公交升级版"、网络办公等助力企业复工复产
	2020 年 4 月 20 日	国家发改委首次明确"新基建"范围，主要包括信息基础设施、融合基础设施、创新基础设施三类
	2020 年 4 月 30 日	北京市大数据工作推进小组办公室印发《关于推进北京市金融公共数据专区建设的意见》，助力普惠金融发展，推动营商环境改善和智慧城市建设
上海	2010 年	上海市"十二五"规划提出"创建面向未来的智慧城市"战略
	2011 年 9 月	《上海市推进智慧城市建设 2011—2013 年行动计划》发布
	2013 年 7 月	《上海市经济信息化委关于加快推进本市智慧园区建设的指导意见》发布
	2014 年 11 月	全国首个社区智能机器人落户嘉定江桥，提供的咨询项目包括社保、养老、就业等 193 项常用社区服务内容

	时间	政策
上海	2015 年 2 月	《上海市推进"互联网 +"行动实施意见》审议通过
	2016 年 9 月	《上海市推进智慧城市建设"十三五"规划》提出,到 2020 年,初步建成以泛在化、融合化、智敏化为特征的智慧城市
	2016 年 11 月	上海张江科学城发布"智慧城市"创新产品,涵盖智慧照明、建筑智能信息化、智慧校车管理、智慧能源管理、智慧城市建设等领域
	2017 年 1 月	上海市经信委制定《上海市智能网联汽车产业创新工程实施方案》
	2017 年 10 月	上海市政府发布《关于本市推动新一代人工智能发展的实施意见》,向人工智能高地迈进
	2017 年 12 月	上海市经信委、市民政局印发《上海市"一键通"为老服务项目指南》,助力智慧养老
	2018 年 5 月	上海杨浦滨江智慧路灯投入使用。该项目依托路灯为大数据网络收集节点,将数据集中到基于"BIM + GIS"应用的杨浦智慧城市管理平台
	2018 年 6 月	上海市经信委印发《新型城域物联专网建设导则(2018 版)》
	2018 年 10 月	《上海市推进新一代信息基础设施建设助力提升城市能级和核心竞争力三年行动计划(2018—2020 年)》发布
	2018 年 11 月	上海首个区级"城市大脑"正式发布,即"智联普陀"智能化综合管理服务平台。该项目共布设 10 万个小型传感器
	2018 年 12 月	上海市经信委正式发布人工智能应用场景建设实施计划,借力 AI 打造新型智慧城市
	2019 年 4 月	上海市首批 12 个人工智能应用场景揭晓,包括 AI + 学校、医院、社区、园区、交通、政务、金融等方向
	2019 年 6 月	上海市政府印发《上海市人民政府关于加快推进 5G 网络建设和应用的实施意见》,聚焦以 5G 为引领的新一代信息基础设施建设
	2019 年 8 月	上海市第二批 19 个人工智能应用场景公布,主要聚焦 AI + 医疗、教育、城市管理和产业发展等方向
	2019 年 9 月	《关于建设人工智能上海高地构建一流创新生态的行动方案(2019—2021 年)》提出"全力打造世界级的人工智能深度应用场景"专项行动
	2020 年 2 月 2 日	消毒机器人、语音机器人、巡逻机器人在上海抗疫一线应用
	2020 年 2 月 10 日	上海市政府以"防疫"为抓手,全面推进智慧城市建设,率先出台《关于进一步加快智慧城市建设的若干意见》

	时间	政策
上海	2020 年 2 月 10 日	上海市经信委发布《关于支持培育新型云服务助力企业复工复产的通知》
	2020 年 2 月 15 日	上海市测绘院发布《上海"战疫"地图》，包含确诊病例涉及区域和场所、疫情空间分布、变化趋势等信息
	2020 年 5 月 7 日	《上海市推进新型基础设施建设行动方案（2020—2022 年）》正式发布，力争用三年时间推动上海新型基础设施规模和创新能级迈向国际一流水平

参 考 文 献

［1］北京交通发展研究院.2019 北京市交通发展年度报告［R］.
2019－06.

［2］北京能源发展研究基地.北京能源发展报告 2017［M］.北京：
中国经济出版社，2018.

［3］北京市规划和国土资源管理委员会.北京城市总体规划（2016—
2035 年）［R］.北京：北京市人民政府，2017.

［4］北京市人民政府关于印发《北京市"十三五"时期能源发展规
划》的通知［J］.北京市人民政府公报，2017（25）：6－59.

［5］曹军威，杨明博，张德华，明阳阳，孟坤，陈震，林闯.能源
互联网——信息与能源的基础设施一体化［J］.南方电网技术，2014，8
（4）：1－10.

［6］丁辉.城市能源系统分析模型研究［M］.北京：科学出版
社，2012.

［7］董朝阳，赵俊华，文福拴，薛禹胜.从智能电网到能源互联网：
基本概念与研究框架［J］.电力系统自动化，2014（15）：1－11.

［8］甘中学，朱晓军，王成，陈岳.泛能网——信息与能量耦合的
能源互联网［J］.中国工程科学，2015，17（9）：98－104.

［9］关于加快培育壮大新业态新模式促进北京经济高质量发展的若
干意见［N］.北京日报，2020－06－10（5）.

［10］国网（苏州）城市能源研究院，国网能源研究院，国网江苏省电力公司．中国城市能源报告［R］．2018 – 10 – 18．

［11］李科，马超群，葛凌．区域经济体可计算一般均衡模型的研究与应用［J］．系统工程理论与实践，2008（5）：55 – 63．

［12］任洪波，刘家明，吴琼，邓冬冬．城市能源供需体系与空间结构的耦合解析与模式创新［J］．暖通空调，2018，48（1）：83 – 90．

［13］21 世纪可再生能源政策组织．2021 年全球城市可再生能源现状报告［R］．2021 – 11 – 15．

［14］孙宏斌，郭庆来，潘昭光．能源互联网：理念、架构与前沿展望［J］．电力系统自动化，2015，39（19）：1 – 8．

［15］孙宏斌，郭庆来，潘昭光，王剑辉．能源互联网：驱动力、评述与展望［J］．电网技术，2015，39（11）：3005 – 3013．

［16］田世明，栾文鹏，张东霞，梁才浩，孙耀杰．能源互联网技术形态与关键技术［J］．中国电机工程学报，2015，35（14）：3482 – 3494．

［17］王灿．基于动态 CGE 模型的中国气候政策模拟与分析［D］．北京：清华大学，2003．

［18］曾鸣，杨雍琦，刘敦楠，曾博，欧阳邵杰，林海英，韩旭．能源互联网"源—网—荷—储"协调优化运营模式及关键技术［J］．电网技术，2016，40（1）：114 – 124．

［19］张玉卓等．世界能源版图变化与能源生产消费革命［M］．北京：科学出版社，2017．

［20］中华人民共和国统计局．北京统计年鉴［M］．北京：中国统计出版社，2017．

［21］中华人民共和国统计局．中国能源统计年鉴［M］．北京：中国统计出版社，2017．

［22］BP Group. BP Statistical Review of World Energy June 2014［EB/

OL]. http：//www. commodities – now. com/reports/power – and – energy/ 16971 – bp – statistical – review – of – worldenergy – 2014. html，2014.

［23］ Pengpeng Zhang，Lixiao Zhang，Xin Tian，et al. Urban energy transition in China：Insights from trends，socioeconomic drivers，and environmental impacts of Beijing ［J］. Energy Policy，2018，117（6）：173 – 183.